主编简介

刚文哲 男，汉族，中共党员，1965年1月出生，博士，教授，博士生导师。1985年11月加入中国共产党，1991年3月参加工作，现任中国政法大学党委副书记、纪委书记兼宣传部部长。

高校校园文化建设成果文库

法泽天下

——中国政法大学基层校友访谈录

刚文哲◎主编

光明日报出版社

图书在版编目（CIP）数据

法泽天下：中国政法大学基层校友访谈录 / 刚文哲
主编 . -- 北京：光明日报出版社，2018.3
ISBN 978－7－5194－4078－7

Ⅰ.①法… Ⅱ.①刚… Ⅲ.①中国政法大学—校友—访问
记 Ⅳ.①K820.7

中国版本图书馆 CIP 数据核字（2018）第 052676 号

法泽天下——中国政法大学基层校友访谈录
FAZE TIANXIA——ZHONGGUO ZHENGFA DAXUE JICENG XIAOYOU
FANGTANLU

主　　编：刚文哲

责任编辑：许　怡		责任校对：赵鸣鸣	
封面设计：中联学林		责任印制：曹　净	

出版发行：光明日报出版社

地　　址：北京市西城区永安路 106 号，100050

电　　话：010－67078251（咨询），63131930（邮购）

传　　真：010－67078227，67078255

网　　址：http://book.gmw.cn

E－mail：xuyi@gmw.cn

法律顾问：北京德恒律师事务所龚柳方律师

印　　刷：三河市华东印刷有限公司

装　　订：三河市华东印刷有限公司

本书如有破损、缺页、装订错误，请与本社联系调换

开　　本：170mm×240mm

字　　数：215 千字　　　　印　　张：15

版　　次：2018 年 7 月第 1 版　　印　　次：2018 年 7 月第 1 次印刷

书　　号：ISBN 978－7－5194－4078－7

定　　价：68.00 元

编委会

序　言

　　2011年,在学校建校六十周年来临之际,学校记者团组建寻访团,走遍全国各地寻访身在基层的法大校友,通过采写人物稿件,展现法大校友的风采。校友们的奋斗故事在校报上以专栏的形式发表,成为献礼学校六十周年校庆的别样礼物。转眼6年过去,基层校友寻访活动已经成为校内校外颇具影响力的实践项目,寻访团历经200余人,足迹遍布全国24个省市,先后寻访了400余名基层校友,而今天我们集结成册的仅仅是众多故事中的沧海一粟。

　　小月河畔,军都山下,有一个地方叫法大。从1952到2017,从北京政法学院到中国政法大学,经过六十五载的历史变迁和成长发展,今天的中国政法大学不仅是国家"211工程"、"985工程优势学科创新平台"、"2011计划"和"111计划"重点建设高校,还从单科性院校变为以法学为特色和优势,兼有文学、历史学、哲学、经济学、管理学、教育学、理学等学科的综合性大学。2017年,法大在六十五岁的华诞翻开了崭新的篇章:习近平总书记考察法大并发表重要讲话、顺利完成本科教学评估和党建评估工作、入选"双一流"学科建设高校、第八届党代会和思想政治工作会议顺利召开……法大不断地丰富内涵、不断地探索创新、不断地发展求变,朝着开放式、国际化、多科性、创新型的世界一流法科强校的目标坚定而从容地前进着。

相遇在小月河畔、伴读在军都山下，"法大人"成为你我共同的名字；告别四年青春、追寻更广阔的梦想，"法大人"的印记从不曾跟随时间而消失。在六十五载的悠悠岁月中，法大培养了20余万优秀人才，他们中间，有人以梦为马，扎根西部，用青春奉献祖国；有人回到家乡，服务社会，用实际行动诠释"经国纬政，法泽天下"的法大精神。在新中国法治建设的道路上，法大人从不曾缺席。"根植祖国大地 播洒法治阳光"是基层校友寻访活动永恒的主题，我们将视角聚焦于那些扎根在祖国基层法治工作岗位上的法大人，通过深入挖掘这些基层校友的典型事迹和感人故事，弘扬基层法治建设者的奉献精神，传承法大人躬耕不辍的法治梦想。50个人物、50个奋斗故事、50段不同的人生旅程，那些关于青春的泛黄记忆、关于梦想的不懈追寻、关于法治的永恒求索、关于未来的无限期冀，历经打磨化成跃动的文字，光芒耀眼璨若浩瀚的星空。

这些故事的讲述者是法大人，而这些文字的记录者也是法大人。每期的寻访活动，我们都从在校同学中精心选拔寻访团成员，每一篇文章都是出自在校同学之手。在寻访过程中，同学们与师兄师姐面对面，思考学习的困惑、畅谈大学的生活、感悟人生的经历，所感所想浸润在文字中，变为一篇篇诚意满满的稿件。文思隽永，一段文字述说一个故事；情怀绵长，一篇文章见证一段成长。所谓成长，我想不仅是指那些已经走出校门，在基层法治工作前沿阵地上孜孜以求的法大人，也是指那些还在象牙塔里，懵懂求知对未来充满好奇心的法大人。

　　"经国纬政,法泽天下"是法大人永恒的精神追求,所以我想"法泽天下"是最适合这本书的名字,这四个字不仅凝练着法大人刻苦严谨、求索真理的精神,更是法大人心怀天下、播洒法治希望的见证。它似一盏明灯,照亮了法大人的梦想,引领着法大人前进的方向,鼓励更多的法大人扎根基层、投身前线。聚是一团火,是法大人凝心聚力探索法治真理的炙热火苗;散是满天星,是法大人扎根各地奉献祖国法治建设的璀璨篇章。

　　栉风沐雨见肝胆,砥砺奋进续华章。六十五年奋斗历程,法大筚路蓝缕开拓创新,法大人承前继后薪火相传,一代代法大学子以"经国纬政"为信仰,以"法泽天下"为梦想,奔赴祖国各地,扎根基层工作,如星星之火,如璀璨明星,传递法治的火种,播洒法治的阳光。面对未来,法大人将继续以"经国纬政,法泽天下"为重任与使命,为祖国法治建设的宏伟蓝图增添浓墨重彩的一笔!

刚文哲

2018 年 5 月

目 录
CONTENTS

张航玮:风雨不动安如山

文/徐思勉

人物简介:张航玮,男,26岁,中国政法大学法学院2012届本科毕业生,天津市滨海新区东疆保税港区管委会办公室科员。在"8·12"滨海新区爆炸事故救灾中表现突出,2016年1月,他被天津市滨海新区政府授予"滨海好人"荣誉称号。

2016年7月,当我们再次踏上天津市滨海新区这片土地,距离那场骇人听闻的"8·12"特大安全责任事故已经有一年的时间了。事故追责、善款赔偿、房屋重建在严苛中推进,恐惧与伤痛在淡忘中被抚平,而生活则在朋心合力中井然有序地进行着。在这安详而平静的生活背后,是无数普通人的默默付出与承担,这些扎根基层的平凡人因为这场灾难而变得不平凡。他们是螺丝钉,是孺子牛,是平民英雄,是匆匆人海中最帅的逆行者。正是他们,为那场可怕的灾难增添了一抹温情的回忆。而来自我校2008级天津籍的校友张航玮,也是这群平民英雄中的一员。

张航玮,男,26岁,天津市滨海新区东疆保税港区管委会办公室科员,中国政法大学法学院2012届本科毕业生。他所在的部门主要负责东疆港管委会纪律检查、党组织建设、公关外事管理等工作。自法大毕业、参加工作四年来,张航玮始终在岗位中敬业奉献,尤其在"8·12"滨海新区爆炸事故救灾中表现突出,2016年1月,他被天津市滨海新区政府授予"滨海好人"荣誉称号。

最帅的逆行

2015年8月12日晚23时20分许,天津港区瑞海公司危险品仓库发生火灾爆炸事故,发生爆炸的是集装箱内的易燃易爆物品。现场火光冲天,在强烈的爆炸声后,高达数十米的灰白色蘑菇云瞬间腾起,随后爆炸点上空被火光染红,现场附近火焰四溅。以大爆炸坑为爆炸中心,现场150米范围内的建筑被瞬时摧毁。张航玮当时正在开发区第五大街万科双子座的家中,距离灾区直线距离小于3公里。当时,小区内部分玻璃、门窗已被炸损,周围弥漫着浓密的烟雾,天津港区火势猛烈。

火灾发生后,张航玮立即帮助外国邻居关好电器,带他从消防通道逃生,并将应急避难场所指引给邻居。随后,消防官兵陆续到达火灾现场,但更剧烈的爆炸并没有停止。面对着未知的危险和极大的恐惧,张航玮毅然选择了逆行,顺着危险的通道,看着逃跑的人群、凌乱的车辆、满地的残骸,独自开着自家被炸损的车辆赶回东疆管委会,是当晚最早进入港区开始工作的人员之一。

在当时,东疆部分区域已经断电,公安分局断电断网,大部分人员和全部车辆都被派到现场支援,港区整体情况还并不清楚。在这种艰难的情形下,张航玮立即主动巡查港区,他顾不上刺鼻的气味和呛人的浓烟,来不及进行防护,随即迅速观察港区楼宇、货车场、码头等重要区域及设施,在当晚就及时掌握和上报了断电区域、受损严重区域的初步概况,配合上级领导尽快进行下一步的工作安排。

凌晨6时,他首批到达海港社区,先期和公安、民政等部门进行灾民安置。当时,灾区火势仍旧凶猛,部分无家可归的居民聚集在社区周围街道。张航玮当时脚骨骨折尚未痊愈,原本还不能负重。但是在当时的险情下,他来不及顾及自己的伤情,立即和救援人员共同搭建救灾帐篷,安置群众休息,搬运、分发衣物、饮用水、食物等物资。当天中午,灾区气温已经超过38摄氏度,他汗如雨下,全身衣服早已被浸透,脸上则因忍受着巨大的疼痛而扭曲。但他一声未吭，始终咬牙坚持，把先期送达的食物和饮水全部留给灾民，自己却一直忍耐着高温、干渴和伤痛的折磨，拖着几乎快要虚脱的身体，一瘸一拐地坚持着工作。

由于灾情发生时，海港城物业及工作人员紧急撤离，未来得及带走业主名册等重要文件。为尽快与全部业主取得联系，准确统计受灾情况，张航玮毅然冲进了已成废墟的海港城办公室，头顶是坍塌的天花板和裸露的电线，脚下是歪曲的门窗和满地的碎玻璃，他没有畏惧，一本一本地寻找重要文件，最终把全部业主名册成功运出，为后续业主联系和灾情统计工作争取到了极大便利。

自 8 月 14 日开始，按照应急工作要求，张航玮的固定电话与手机公布为东疆区域应急咨询电话，保持 24 小时开机。截至 2015 年 10 月 27 日，他一共接听咨询电话数千次，记录并解答受灾群众包括安置、治疗以及后来的取回贵重物品、财产评估等疑问事项，及时帮助群众解决困难。咨询电话几乎连续不间断，他每天睡眠不超过 6 小时，但他仍旧时刻耐心地记录受灾群众的各项问题并认真进行解决、答复，确保群众的合理请求能得到最快处理。

火灾使得部分群众心灵受到了严重的创伤，不少受灾群众出现心理方面的问题，常常不敢独自入睡，有时听到雷声等较大的声音，甚至会吓得立即往外逃跑。在了解群众基本情况后，张航玮拖着伤脚，一瘸一拐地和医生、志愿者，在安置点共同走访灾民，了解受灾群众的心理，帮助他们平抚情绪，使他们尽早地恢复良好的精神状态。

由于社区居民较多，部分居民回家取物需求迫切，而武警部队人员略有不足，张航玮时常需要拖着伤脚，陪着受灾群众返回自己的家。当时为安全起见，海港城电梯等设施均已关闭，他只能陪着居民一层一层地上下楼梯，帮助居民取出贵重物品和生活必需品。在工作最为繁忙的时候，他每天至少要陪同 7 户居民回家，上下至少 200 层楼，还需要帮助居民背着他们的物品。他的诚意与坚守，感动着所有被他帮助的灾民。

为了配合新区做好居民房屋修缮工作，张航玮在接到工作组消息后，最早响应号召，成为小区里首批签订修缮意向书和修缮协议的业主。他用自己的实际行动，感动着周围的邻居，帮助他们重燃对生活、对明天的美好希望。

曾记否,到中流击水,浪遏飞舟

谈及工作,张航玮严肃沉稳得让人难以想象他只是个 26 岁的年轻人,而当回忆起在法大生活的点滴,他脸上则始终洋溢着笑容,看起来依然是个大男孩。他告诉记者,自 2008 年入学,他去天安门参加过国庆阅兵,也经历过法大的 60 周年校庆,他笑称大学这四年目睹亲历了法大不少"大事",而这其中令他印象最深甚至铭记一生的,则是在校学生会工作的三年经历。

刚进大学,张航玮就加入了中国政法大学校学生会内事部,从第 12 届一任内事部部员、第 12 届二任内事部部长,到第 13 届一任校会副主席,三年来,所有的荣耀与感动都源于校学生会这个大家庭。在校学生会工作期间,张航玮主要负责的就是博闻论坛的工作。在他工作的这三年,也正是博闻论坛蓬勃发展的重要时期,这项学术活动的规模逐渐扩大,成为了中国政法大学规模最大、规格最高的品牌活动之一,在整个法大校园以至于首都高校间都有着极为广泛的影响力。

在亲历博闻与校会成长的过程中,张航玮先后获得了"优秀部员""优秀部长""优秀主席"的荣誉,这些沉甸甸的奖牌都是他呕心沥血、奉献一切的见证。他在校会内事部工作的三年中,博闻论坛共举办活动 13 期,既曾邀请到成思危、吴敬琏这样的学术巨擘,也曾邀请到于丹、易中天等炙手可热的文坛大家。

据张航玮介绍,为了邀请到当时声名大噪的于丹老师,他花了一年半的时间持续跟进邀请。要知道,七年前才刚刚踏入自媒体时代,邀请嘉宾往往只能通过发邮件、打电话的方式,甚至常常出现邀请函石沉大海、联系电话无法接通、办活动数次陷入一筹莫展的境地的情况。为了能够和嘉宾取得进一步联系,他当时查到于丹老师在北京大学的授课时间后,多次跑到于丹老师的课堂偷偷旁听,只为下课后能和于丹老师说句话,只为亲手将纸质邀请函送到她手中。最终,张航玮的诚意打动了于丹老师,经过长达一年的协调与努力,博闻论坛第 17 期于丹专场——"学贯古今兰气幽芳扬国学精粹,文行忠信竹雨淡诗悟人生春秋"顺利举办,一时之间在法大引起轰动,甚至一票难求。

在一个学生组织中待上三年,最后成为学生会副主席,这意味着背后要比常人付出更多的汗水和时间,但张航玮告诉记者,这些所有的"牺牲"都抵不过活动成功举办后经久不息的掌声,抵不过法大同学中的啧啧赞许。时至今日,张航玮依然将在校会内事部工作的经历视为大学时期最宝贵的财富,并坚信如今自己在工作中严谨踏实的工作态度,也得益于当时在校学生会工作中培养的习惯。

欲买桂花同载酒,终不似,少年游

时至今日,在张航玮家中的书架上,仍放着整套中国政法大学出版社出版的法学专业必修课教材。尽管现在的工作与法学专业关联度不大,但他依旧时常翻开课本,汲取知识的养分。在他看来,在知识面前,所有人都永远是个学生。

犹记得大三在法大法律诊所实践时,张航玮曾帮助过来自五湖四海申诉无门的普通百姓,一个法科学生力所能及的帮助能得到求助者无以言表的感激,原来投身于更需要自己的地方可以更好地实现人生价值。今年八月,张航玮将投入到新的工作岗位中,他即将就职于天津市滨海新区人社局劳动监察大队,负责劳动执法工作。新的工作岗位意味着工作强度将增大,也将更深入基层百姓的生活。而在他看来,与法学专业相关性更大的这个岗位,则可以让自己更直接地去维护基层人民的合法权益。不忘初心,方得始终,他说,永远不会忘记自己是一名法大人。

张航玮告诉记者,在图书馆窝上一天是自己大学时代最喜欢做的事情。四年来,他几乎看遍了图书馆一楼的所有小说。那些温情的、细腻的语言,寄托着一个大男孩单纯的情愫。大三时在行政法课堂上,何兵老师结课时曾说到,"希望将来的你们,男孩子不要像女孩子,女孩子不要像男孩子"。毕业时,张航玮对这句话懵懵懂懂,然而现在,他却用实际行动证实了如何做一个"风雨不动安如山"的男子汉,坚守一份人文情怀,坚守一份法治理想,做一生一世的法大人。

包来友：淡泊为志，在公明明

文/方悦

人物简介：包来友，男，汉族，47 岁，池州人。本科就读于中国政法大学法律系，法律硕士，中共党员。2016 年 2 月至今，任宿州市人民检察院党组书记、检察长。

同样祖籍安徽，同以法律为业、以"包"为姓，包来友笑称自己是包拯传人。"既然祖上有包公，我们就应当有他那种驱邪扶正、惩恶扬善的气势。无论是做律师还是成为社会法律服务者，一味用法律技巧解决问题，很容易走偏锋。很多人打擦边球，玩弄法律，逐渐偏离了法律的本意，很多外国法律沿用到中国就水土不服就是这个原因。职业良知这个核心仍是我们需要坚守的。"

深耕昌平"村"

来到政法大学似是命运的安排。那时候先填志愿，再公布高考分数，学生全凭心意选择学校。当时，包来友的想法是报考一所财经或者法律类的专业院校。正在无所适从时，包来友看到中国政法大学的招生简章，一下子被校名里的"中国"两个字吸引住了。

就这样，第一次离开安徽贵池，去往的就是离家千里万里的北京。出北京站,转德胜门,坐 345 路,到昌平县,找政法大学。彼时是 1988 年,中国政法大学的门楼还没盖起来,也没有牌匾和邓小平手书的"中国政法大学"六个字,举目望去,只有几栋房子,路边是光秃秃的泡桐树,树叶稀零,树权朝天,满目荒芜,一片萧条景象。包来友笑道,"我这是从农村出来,又跑到另一个农村去了。"

正如校友们赠送的"拓荒牛",包来友他们是昌平校区拓荒的几届,为学校带去最初的生机和绿意。不同于第四年去到学院路校区的 87 级学生,88 级学子四年的学习和生活皆位于昌平校区,是真正的亲历"四年四度军都春"的第一届。包来友回忆,那时候教工宿舍在盖,体育场未建,图书馆也尚未完工,只有阶梯教室、食堂,和几栋"之"字形的宿舍楼。没有礼堂,学生们只能借国防大学的场地开会。

包来友说,那时的学习生活很充实,而娱乐活动形式很有限。那时候昌平周围都是农村,游玩时兴去小汤山、十三陵水库和长城溜达。周末时候,宿舍前的餐厅也就成了舞厅,喜欢跳舞的同学在那里跳舞。阶梯教室也被承包下来,可以在那里看录像放映。

回忆当初的学习生活,许多老师的声音、样貌不再清晰如昨日,但总有谆谆教诲犹在耳边。包来友感怀地提起民商法学者张佩霖老师:"我没有上过他的课,但听过他的讲座。我记得他有些耳背,声音很大,是用案例教学的方式给我们做的讲解。他见解独到,对民法的讲解很务实,让我很感兴趣,启迪了我的民法思维。他是法学的老前辈了,可惜去世得早。"同样,江平老师在校期间的讲座,以及毕业 20 周年时的到场支持,也令包来友念念不忘。"我记得很清楚,他的声音很有磁性感染力,他的思维非常清晰,充满理性的光辉。"顾永忠老师的刑法学和巫昌祯教授的婚姻法课,也令包来友思来饶有兴味。

扎根在基层

包来友在学校时就喜欢民法,他说因为民法总是在讲道理,每一条条款后面都有法理依据。毕业时，包来友首先想到去法院，可以审理官司，或者去公安系统，保一方安宁。哪知因缘际会，安徽省检察院在北京招人，向学校要走了包来友。就这样，他成了专门监督法院和公安工作的检察官。

那时候大部分的学子仍然选择回到老家的市或者县城，包来友也不例外，想要回安徽工作。他是农村出来的孩子，乡土的吸引始终如磁场般牵扯着他。那时候交通工具也不发达，连从合肥回到池州也要从早晨到下午一路颠簸。后来他安家合肥，工作在宿州，从此颠簸在周五归家周日离家的路上。

乍见之下十分温和、面含笑意，包来友却说，自己的性格里一样有很务实而不妥协的一面，检察院的工作恰需要这样刚性的监督。多年的检察工作里，包来友把原则和红线看得很重。"学法的人，任何时候干的事情要像法律人干的事。现在很多法律人，虽然水平很高，却把法律当作工具来运用，玩弄技巧，玩弄程序。当法律违背了老百姓的常识时，百姓觉得你案子办得不对，你违反的是公平正义的基本良知。"

包来友在担任副检察长期间，法院转过来一份材料，说要审查是否批准。包来友听取案件情况后，立即发觉了材料的蹊跷：涉案律师在一审时为帮犯罪嫌疑人脱罪，找证人翻证，事情败露后，律师旋即被定罪。他为了追求免除刑罚、保留律师资格而绞尽脑汁努力脱罪，申报了立功的表现。略一思忖下，包来友纳罕道，以一个律师的身份，哪里能够恰好接触到重大盗窃犯罪的线索呢？立功材料来得有点不可思议，很可能其来源不正当，涉及司法人员知法枉法的问题，不能按照简单的核实程序，应当组织检察人员进行调查。果然，经过反渎职侵权局的调查，案件水落石出，该律师向本地的公安买了线索。

"遇到枉法的事情，如果我可以行使职权，就一定要把他解决掉。也许大部分检察官都会对这材料产生合理怀疑，但是未必都能深挖出线索的来源，这是需要一定的业务水平的。"这个案子确实震慑了许多玩弄法律之徒。

何以法大人

在检察长负责制的架构下，检察院事无巨细，听取案件，进行把关，签署案件,都在包来友的职责范围以内。除了查办案件、进行监督等业务工作外,在社会转型期,检察院也要发挥其职能作用,有大量对外工作事务需要处理,许多行政事务,比如接待信访和扶贫工作,也是包来友职责所在。

包来友欣慰地指出,如今基层检察官的司法水平,同他当初进入检察官队伍时比,早已不可同日而语。包来友指出,现在暴露出的错案,都是许多年前的案件,从前典型突出的冤假错案如今已经很难见到。那时候的证据意识比较弱,还有许多司法的恶习。20 多年来,司法技术有了明显的进步,法治意识也不一样了,一批具有法学素养的人充实了检察队伍,如今对案件的把关审查也尤为严格。他同时也指出,司法落实到具体的人来执行时,依然时有不规范的行为发生,有待司法责任制的落实和内部纪律的进一步约束。

包来友说,学校培养的学生,不仅要学习法律条文,更重要的是学到法学的思维方式。法大四年,从对法学理念所知甚少的新生到能够独立思考问题的法律人,转变发生在潜移默化间。听老师上课,其实是在亦步亦趋地体验老师的思维方式。不赞同他人的说理方式,那么在自己的思考和表达中可以避免用这种方式去思维。他认为,大学四年是一个社会化的过程,从懵懂到成熟,他的思维方式得到了很多培养历练的机会。

在他眼里,法大学子比较务实,思辨性比较强,解决实际问题的能力比较强。我国的法律,引进西方理论后,还需要我们在运用时候更加"接地气",以中国的普世价值观将其本土化。西方理论的内在逻辑体系未必是与我们本土一脉相承的,直接用法言法语和百姓交流,他们很难理解。因此,走上工作岗位的法律人很有必要学习中国的传统文化,结合法律专业术语,说理辩理。包来友的工作经验是,在百姓对于法言法语感到很有隔阂时,只有把法律的道理结合中国文化,于情于理疏通顺畅后,百姓才能够听懂和接受。在法典语言还不那么通俗的情况下,融入传统文化的解释,有利于他们了解这些概念,更好地进行司法说理。

法大校友中有这么一群与包来友志同道合的人,他们是法律界的中流砥柱。他们已为法治事业辛勤奋斗了 20 年,在接下来的 20 年里,他们依然希望为母校和法治理想做出更大的贡献。包来友说,他参加了校庆 60 周年暨 88 级校友毕业20周年的聚会,会上,校友们通过公益拍卖和捐赠为母校设立了助学基金,襄助母校的发展。正如演讲里江平先生声如洪钟的寄语那样:"读法律的人要保持一颗赤子之心,不仅现在,而且将来。""法大法大,法比人大",是他们的思维模式;中国政法大学校门旁的石碑上那句"法治天下",这是他们的法治信仰。无论他们境况几何,身在何处,母校总以他们为荣。

曹莉：不忘初心，方得始终

文/钟雨　刘婧星　赵丹阳

人物简介：曹莉，女，中国政法大学法学院2007届本科毕业生，现于江苏省泰州市检察院公诉处工作，2016年荣获第七届江苏省十佳公诉人称号。

2016年3月30日，江苏省检察机关第七届十佳公诉人暨优秀公诉人业务竞赛尘埃落定。20名选手经过层层选拔，闯过预赛办案质量考评、业务笔试等五个环节的激烈竞争，又在决赛当庭辩论的唇枪舌战中审视案例准确定位、据理力争，最终决出"十佳公诉人"这一称号。载誉而归的背后是一路风雨兼程，一路磨砺成长。

"时光不负"——当晚十点，那个颁奖典礼上落落大方的女生在朋友圈敲下这样的字眼，配图是一张手捧荣誉证书的照片，娴静的眉眼间笑意盈盈。

她，就是第七届江苏省十佳公诉人获得者——曹莉。

法律情结：源起父辈，臻于政法

用"来自书香世家"形容曹莉一点也不为过。自祖父起，家里的长辈大都将自己的青春奉献给三尺讲台、一方笔墨，似乎传道授业已然成为这个家族的传统和惯例。而曹莉的父亲，出身教师家庭却对法学情有独钟，梦想成为一名惩恶扬善、匡扶正义的法律人。凭着当年法律职业考试江西省赣州市第二名的好成绩，他顺利从数学老师转型为一名职业律师。提供法律援助的工作使他常常无暇用餐和休息，虽然累，他却甘之如饴。"当律师，当一个法律人，所要注重的不仅仅是经济价值，更要注重社会价值。钱只是一个符号，我们不能丢失自己的社会价值。"父亲的言传身教，让时年懵懂的小曹莉萌生了学习法律的念头。一颗种子在内心深处生根发芽，渐渐茁壮。

2003 年，第一次面临人生选择的曹莉毫不犹豫地在高考志愿上填下"中国政法大学"六个字，坚定地追逐自己深植于心的法律梦想。提起大学生活，已经毕业九年的她电话那头仍是掩饰不住的兴奋，回忆拉开了闸，语速也越来越快。"我们那个时候，最幸福的事情就是在男神老师的课堂上抢到前排的座位。"曹莉笑着说。正所谓"大学者，非有大楼之谓也，有大师之谓也"，在法大这所大师辈出的名校，曹莉受益良多。教授法理学的舒国滢老师兼具学者风范与教者气度，在同学们崇拜的目光里授课时仍淡定儒雅；旁征博引深入浅出的课堂则为她打开了法律的大门。王人博老师在非典时期依旧牵挂一众学子，他从自己家带来书，在草地上席地而坐，为学生们讲课。师者苦心当年在师兄师姐口中传为佳话，而今曹莉提起，仍觉如在眼前。

法大丰富多彩的校园生活也是曹莉记忆里的一抹亮色。学校辩论氛围向来浓郁，曹莉参与其中，尝试立论反驳，为后来走上公诉人岗位打下了坚实的基础。从小亲近法律也喜欢看书，出于对文字的热爱，她留任在法学院宣传部。社团之外，她特别喜欢体育课。起初她四肢不协调，健美操跟不上跃动的节奏，自认为受到很大打击的曹莉憋着劲儿一边记动作一边开始学习跳舞，练瑜伽，这个爱好一直坚持了下来。如今工作之余，曹莉仍旧喜欢去跳舞健身，给平淡琐碎的生活添了不少乐趣。

母校的角角落落都藏着快乐的秘密。学生活动中心见证社团例会的紧张忙碌，法渊阁和教学楼点燃薪火相传和思维碰撞的光焰，操场上播洒过慷慨的热汗和骄傲的泪水。回忆正酣、意犹未尽的曹莉补充起对食堂的怀念：先是食堂的红烧猪蹄好吃到她连吃一个多礼拜直至流鼻血才不得不暂停，接着强调清真食堂二楼涮羊肉的生鲜美味，最后笑着告诉笔者，学校食堂又便宜又好吃,作为资深吃货的她明年毕业十周年返校一定要回到"舌尖上的母校"。

公诉情缘:因为信仰,所以幸福

不忘初心,方得始终。不知不觉,曹莉在泰州市检察院工作已近九年。九年的时间,当初那个青涩毕业生历练成经验丰富的公诉人,那个惯于写写画画的文艺女青年成长为法庭上的铿锵玫瑰。九年改变了很多,不变的,是曹莉当初对法律的信仰,对梦想的坚持。

"律师是一门艺术,要经过长时间的学习和实践,要到真实的案件中去历练,才可能成为圆满成熟的法律人。"曹莉谈起自己对法律认知的变化,感慨颇多。理论与实践的差别,书本知识和真实案件的差别,当初从大学象牙塔走向工作岗位的曹莉也经历过一段迷茫期。

最初走上公诉人岗位,曹莉的工作就是打杂,整理文件、归档素材、办理杂务。烦琐单调的任务同设想落差甚大,相比当时抱怨不迭,现在的她反而感谢那段琐碎细致的经历。"内勤生活让我明白了公诉人最具体真实细腻的工作内容,而且也提升与人交流的能力。"新手上任,经验不足也是一道坎。太年轻往往很多问题注意不到,与犯罪嫌疑人交流,他们会轻视新人,不肯配合为案件进展提供有价值的线索;与公安、法院打交道的过程也往往出现各种意外。真正独立办理案件,要强的曹莉给自己定下"不能给学校丢人"的规矩。为担得起"法大人"的称呼,实现一直以来的法律理想,她暗地里给自己打气,咬牙苦练;意识到自己还有很多方面不懂,除补充法学知识之外,曹莉开始研读心理学;改变最初激进的态度,调整与当事人交流的方式,耐心劝解让对方慢慢讲出心里话;接触到负能量的事例,她就鼓励自己保持激情和热情,勉励自己坚持下去。遇到偏激的受害人,收到他们威胁信和恐吓电话的曹莉既恐惧又难过。向当时的处长倾诉,处长只告诉她"在你自己的舞台上,怎么表演你说了算"。倔强的天秤座姑娘硬是顶着压力走到了今天。

从当时的初生牛犊不怕虎,对于任何异议都要反驳,追求把对方击败得溃不成军，到努力做到晓之以理更动之以情说服犯罪嫌疑人，让他们认罪悔罪，不再走上犯罪的道路；从仅仅沉醉于庭审的针锋相对，到注重心与心之间沟通和真诚的帮助，曹莉愈磨练愈成熟。她不仅承办了"12.19"泰兴污染环境案等重大案件，还创下了仅2014年就使三起零口供案件犯罪嫌疑人自动认罪的记录。初心仍在，时光不负。信仰之花愈加绚烂多姿。"我觉得力所能及的帮助一些人，代表国家指控犯罪，会让人产生职业自豪感，生活也因此无比充实。我会沿着这条路一直走下去。"电话那头，曹莉坚定地说。

生活情深：有声有色，妙趣横生

在许多人印象里，公诉人大多在加班熬夜和四处奔波中度过，他们永远西装革履，严肃冷静地处理纷繁复杂的关系和事务。然而曹莉的生活却迥然不同，是有声有色，妙趣横生的。

重庆小面、冒菜牛排，这个南方姑娘自称"吃货"，朋友圈里晒着各种各样的美食，来了兴致还要自己下厨烘焙一番；南京武汉莆田，三天也好五天也罢，说走就走的旅行让曹莉对生活多了别样的体悟和感动；瑜伽舞蹈健身，工作之余的她把生活过得丰富多彩，津津有味。曹莉曾为《康熙来了》的停播叹息，也跟无数女生一样追过《太子妃升职记》和《我的少女时代》。尽管接手的案例并不阳光正面，尽管时不时会面临恐吓和失败，但在曹莉的眼里，生活的样子，仍旧应该是幸福和美好的。

"有一句话特别适合我：一个人的天真和幼稚，都是他身边人的包容和体谅换来的。"曹莉认为自己是个比较理想化、还不太成熟的人，能够取得今天的成绩，得益于大家的包容。在"十佳公诉人"的比赛中，她一度情绪低落，"我是一个比较较劲儿的人，往往给自己很大的压力。比赛之前身体就垮了，严重感冒咳嗽得厉害，导致笔试发挥得很不好"。但是领导的帮助开导，团队的合作氛围，朋友的加油打气，令曹莉最终放下了包袱，从容上阵，夺得荣誉。"面对不熟的人就很高冷，但在大伙儿面前我一直是行走的段子手。"曹莉笑着打趣自己,和谐融洽的工作氛围让她觉得"自己是一个很幸福的人"。当时的带队领导,泰州市公诉处薛洁副处长则在采访中告诉笔者,曹莉平时不仅研究案例,还同她交流过衣饰和美妆,是个极富生活情趣的人。

在接受江苏检察网采访时,曹莉谈到对自己影响最大的两个人,父亲引领自己走上了法律之路,而丈夫,则是她能够一直坚持下来的支撑。曹莉的先生曾因她一句戏言,改学法律考取法大的研究生。两人相恋于大学,一路携手已经走过了 11 个年头,如今依旧恩爱甜蜜羡煞旁人。"他在银行工作,平时很忙,但是在生活中仍然对我无微不至。"比赛期间的曹莉埋头研究条文理论,田先生一边工作一边承担起家中的所有事情,还要照顾三岁的孩子。"他知道我在追逐自己的梦想,所以从未对我有过任何抱怨,"曹莉感慨,"感谢田先生和我婆婆。幸福的家庭是一切工作成绩的保障。"

"你们好好享受大学啊。"采访的最后,同事口中"不愧法大学子"的曹莉告诉笔者,她一定会带着孩子再回昌平,重回法大——孕育法律梦想的母校,也是实现法律事业的起点。冉冉物华,铿锵玫瑰,离开将近十年,她依旧依恋着这方土壤,也将带着这份眷恋,继续"一生一世法大人"的求索。

高永飞:抗震救灾　热心公益

文/人民网

人物简介:高永飞,男,河北省宣化县人,就读于中国政法大学首届全国政法干警招录培养体制改革试点第二学士学位班,任党支部宣传委员,毕业后定向到北川羌族自治县人民检察院工作。

高永飞,男,汉族,中共党员,河北省宣化县人,就读于中国政法大学首届全国政法干警招录培养体制改革试点第二学士学位班,任党支部宣传委员,毕业后定向到北川羌族自治县人民检察院工作。出身贫困家庭的他,曾获国家奖学金、国家助学金,并长期从事兼职家教、校园代理等勤工助学工作,在受助的过程中逐渐自立、自强,以优异的成绩完成学业。与此同时,品学兼优的他心系祖国,深怀感恩之心与责任之心,先后志愿参加爱心家教、关爱留守、西部计划、抗震救灾活动,最终又选择了投身北川县的灾后重建浪潮,以一颗赤子之心为建设美好的西部家园默默贡献着自己那份微薄却坚实的力量。他曾荣获全国百名"和谐使者"、四川省"优秀学生干部"、四川省"优秀抗震救灾志愿者"、校"优秀共产党员"、校"优秀毕业生"、校"三好学生"、校"三下乡"优秀学生、校"社会实践先进个人"等荣誉称号。

西部计划志愿行

2007年7月,品学兼优的高永飞从四川理工学院化学工程与工艺专业毕业。尽管不被老师、同学、朋友理解,他毅然参加"全国大学生志愿服务西部计划",服务于四川省邛崃市羊安镇人民政府,兼任西部计划邛崃市志愿者临时党支部副书记。在党政办公室工作1个月后,基于优异的表现和显著的工作能力,镇领导为他提供了更合适的平台和更宽广的舞台,将他转调。进入经济发展办公室的他,不但协助主任建立健全了办公室系列管理制度,做好了全镇以及园区经济数据统计工作、安全生产监督管理工作,还全面接手园区新引进项目投资协议书以及重要文件材料的撰写任务,并负责总投资8亿元的四川品牌家具工业园项目、总投资80亿元的四川骄扬工业港项目等数个重大项目的跟踪服务。他反复修改每一份《工业项目投资协议书》以及写给省、市部门的报告材料以求严密,常常因太过投入工作而错过用餐时间,甚至一直工作到晚上8点,还需背着办公室的笔记本电脑回去加班到深夜。辛勤的耕耘,无私的付出,显著的成绩,短短半年,他便被破格提拔为经济发展办公室(工业园区管理委员会办公室)副主任。

在完成好日常工作的同时,高永飞积极发挥自己的专业优势、营销理念和文笔专长,编撰报告,成功申报"四川省化工专业镇",迎接专家组实地考察时,受到专家高度评价;编制《化工产业集群招商项目书》《林竹加工(家具)产业集群招商项目书》并被层层推荐入选省级的优势和特色招商项目遴选;编制《羊安工业园区入园企业须知》以有效引导项目业主更便捷地办理相关前置手续。此外,作为特邀园区代表,2008年9月他受邀出席由成都市人民政府主办的首届承接全球产业转移成都论坛,就成都市承接产业转移的政策与对策以及灾后重建与经济发展等话题与参会代表进行了交流和讨论。

从党政办公室的"杂工"到农村党员干部现代远程教育羊安镇"总管",再到经济发展办公室的"打字员",再到后来的经济发展办公室的"二当家",他以务实的精神和吃苦耐劳的品质实践着他的志愿者承诺,在平凡的岗位上彰显着青春的价值。

抗震救灾志愿情

2008 年 5 月 15 日,高永飞得知共青团四川省委需要招募 20 名在川服务的西部计划志愿者到重灾区参与"抗震救灾"志愿服务,身为班长兼党支部副书记的他积极响应,草草收拾行装。当日下午,他便被团省委派遣至绵阳重灾区,以绵阳团市委临时工作人员的身份协助负责志愿者招募与管理、救灾物资装卸、灾民安抚以及心理援助等。数日里,每每聆听着灾民倾诉丧失亲人的痛苦和逃离的艰辛,他心如刀绞,感同身受,但也只能尽力地去安慰他们,使他们的情绪尽快平静下来,并时刻叮嘱那些回北川安葬死去的亲人的灾民:"一定要注意安全。"为了避免引起灾民不必要的恐慌,并期待能够给予他们更多的精神支持,他虽揣着组织发放的防疫口罩,但一直以来都没有拆封。因为他觉得,一个小小的行动对经过劫难的同胞们而言可能是一种人格上的尊重,这是任何物资上的东西都无法比拟的。

高永飞说,他很多时候自己不敢躺下,因为一躺下就"起不来"了。当工作实在累得很时,他就趁着闲暇打个盹儿,之后又打起精神投入到工作中去。晚上换班后都已经 2 点钟,早上不到 6 点又起来,每天晚上一躺下,即使是 5、6 级的余震,疲惫的他也没任何察觉。每天,他和其他志愿者以数量有限的饼干和矿泉水勉强充饥以保持体力,偶尔通过榨菜来补充体内盐分,而平日里普通的"方便面""盒饭"对此刻的他们来说已经成为了奢侈品——可望而不可及。

在抗震救灾过程中,他一直和其他镇干部一起不分白天黑夜在镇政府值班,到村上以及企业巡查、安抚群众。由于长时间没脱过鞋子、长时间走路,到绵阳两天后,他的双脚起了血泡,每走一步都如针扎一样痛。为了能够更多地为灾民服务,珍惜志愿服务的每一分钟,他穿着拖鞋,就这样忍着痛一瘸一拐地在穿梭并服务在九州体育馆中。

灾后重建志愿梦

十余日的抗震救灾志愿服务,使高永飞与北川结下了不解之缘。当西部计划服务期满之际,他希望能够为地震极重灾区北川县的恢复重建贡献一份微薄的力量。怀揣着这样的决心,高永飞以优异的成绩考取了中央政法委、中央组织部等十一部委联合招录的基层政法机关定向公务员。2008 年 11 月,他走进有法大,开始了新的征程。虽然对于工科出身的他来说,面临的挑战很多,但是他铭记使命,努力攻坚。经过近 8 个月的刻苦努力学习,他以优异的成绩完成了 17 门法学专业课的学习,其中《刑法学》《民法学》《法律文书》等课程取得 90 分以上的好成绩,初步建立了法学理论体系。

得知定向单位工作任务繁重而干警严重不足的情况后,在专业实习阶段,高永飞放弃在条件优越的首都北京和家乡河北政法单位实习的机会,毅然于 2009 年 10 月回到条件艰苦的北川县检察院实习。地震以来,单位一直租用民房办公,办公条件拥挤狭小,而且人手又严重短缺,在公诉科实习办案的他,还兼顾从事办公室、反贪局等科室的工作。实习期间,在认真做好院印管理、介绍信开具、接听会议通知以及干警出差补贴核算等办公室日常工作的同时,他先后协助办理公诉案件 4 件(其中作为主要承办人办理 2 件),起草公诉案件审查报告、起诉书等各类文书 20 余份,多次参加招标、投标监督。此外,他还作为领导小组骨干成员,完成省检察院邓川检察长莅临考察接待材料、检察长述职报告、县委县政府对单位的年度目标考核材料等。面对拥挤的临时办公室和条件简陋的板房,他毫无怨言,在 4 个多月的工作中,不怕苦累,兢兢业业工作,与全院干警同心协力攻难关,最终凭借扎实的工作,县检察院在全县年终目标考核中被县委、县政府授予"一等奖"。从第一天到岗到实习期满离开之日,每每院领导说起"让你受苦了"、"让你无偿帮我们做这么多事情,我们也不能给你什么"等等歉意的话时,他都坦然地笑着说"没什么啊!那些并不重要,重要的是经历和锻炼!毕竟我以后都是单位的人啊,这是我理应承担的责任！"

如今，他重返法大校园，完成最后一学期的学习任务和毕业论文。在今后的日子里，他会继续努力学习法律知识，加深对社会主义法治理念学习与理解，在更好的适用法律上下功夫。毕业后，将继续在北川县的恢复重建浪潮中挥洒他青春热血，竭力以一颗善良的心服务国家法治事业，实现人生价值。

鉴于他热心公益事业，弘扬爱心慈善精神，传播和谐理念，有突出的感人事迹而得到大众的广泛认可，经有关单位推荐，2009 年 2 月，高永飞入选了和谐中国网面向全国遴选的百名"和谐使者"，他的先进事迹先后被和谐中国网、中国青年网、中国教育新闻网、西部计划官方网、搜狐网、四川文明网、四川共青团网、中国高校传媒联盟、法大新闻网、《中国政法大学报》、《四川理工学院报》等众多媒体报道，日前又被推荐为"感动法大人物"。

郭丽:怀法治之梦,走人生之旅

文/莫家莹

人物简介:郭丽,女,中国政法大学1999届经济法专业本科毕业,现为北京市中伦(深圳)律师事务所律师,2011年起担任中央电视台《法律讲堂》主讲人,第六届人民代表大会代表、深圳市律师协会理事。曾荣获CCTV《法律讲堂》最佳撰稿奖、深圳市律师协会"青年律师秀"口才秀金牌导师等荣誉。

郭丽,女,1977年7月生,1999年毕业于中国政法大学经济法专业,随后进入深圳海关调查局工作。6年后,转入律师行业,先后在广东宽和律师事务所等多个律师事务所工作,现为北京市中伦(深圳)律师事务所资深律师。2011年起担任中央电视台《法律讲堂》主讲人,2014年底出版新书《郭丽律师法说·底线》。此外,她还是深圳市第六届人民代表大会代表、深圳市律师协会理事,2013年被聘为华南国际经济贸易仲裁委员会仲裁员。工作以来,她所获荣誉甚多,包括省律协委员会优秀会员、CCTV《法律讲堂》最佳撰稿奖、深圳市律师协会"青年律师秀"口才秀金牌导师等。

打开中央电视台法制频道的《法律讲堂》,你就可以见到她——留着短发,淡淡的妆容,一身典雅的西服,显得简洁干练。她娓娓道来,把故事讲得绘声绘色,引人入胜;她法学功底过硬,把枯燥晦涩的法律条文用活灵活现的现实故事再现。她就是中国政法大学1995级校友——郭丽。

郭丽在朋友圈中曾转发一则推送,《女人三十岁,才看得出来是不是真的美》。30 多岁的郭丽正是文章所说真正美的女人——岁月沉淀出事业,容颜姣好如初。她的身上时刻散发着不俗的谈吐和气质。

法律种子,幼时播种,法大发芽

25 年前,看了香港电影《法外情》后,小女孩郭丽便默默下决心要当一名匡扶正义的律师,一颗法律的种子就这样在心中埋下。随着年龄的增长,郭丽敏捷的思维和良好的口才逐渐显露出来,老师赞赏她说"你有当律师的资质!"当她得知中国政法大学是中国最高法学学府时,她下定决心要考上法大,也因此放弃成绩优异的理科转向了文科。"当时西南政法的分数比法大还高,可是我把它填到了第二志愿。"

在法大的四年是最美好的四年,时隔多年郭丽仍经常感慨。尽管学校地处环境偏僻,周围娱乐设施、数码电子产品很少,但学生时代的生活依然充满了乐趣。那是郭丽看书最多的时候,同寝六个人经常每人捧一本书在宿舍里看,有时也交流一下读书心得。法大的讲座也很受欢迎。"记得江平教授在礼堂给我们做讲座的时候,座无虚席,特别受欢迎!"周末的时候,三五知己经常租自行车骑到十三陵、水库游玩。那时,虽然炎热的夏夜没有风扇无法入睡,却有几个人深夜在楼顶乘凉聊天的乐趣;虽然食堂的饭菜款式不多,"明早的打饭"仍可以成为每天宿舍夜谈会的最后话题;虽然没有太多娱乐设施,每周在礼堂免费放映的一场电影成了大家必去的活动之一。

时光飞逝,当年给她授课的许多讲师,如今已成为中国法学界的大家;当年简陋朴素的校园,如今已变得环境优美、设施完备;而当年素心至纯的郭丽也成了令法大引以为傲的学子之一。

放弃高薪工作,重拾律师之梦

法大人最喜欢的一句话是"不忘初心,方得始终"。郭丽也亲身践行了这句话。1999年，刚毕业的郭丽觉得回东北老家没有太大的工作前景，正好遇上深圳海关全国范围内大批量招人，郭丽尝试去报名考试，令她欣喜的是，她以优异的成绩通过了考核。从此，她开始了人生的第一份工作。在海关，她主要负责案件审理的工作。在1999年澳门回归演讲比赛中，郭丽拿了第一名，于是她很快就引起了大家的关注，单位里有活动都找她当主持人。此外，她还组织过诗歌朗诵，表演打快板等节目。

可是在一切都安稳而平静的时候，郭丽却从海关辞职了。这个消息让很多人都很惊诧。要知道，那时海关待遇特别好，许多人挤破脑袋都进不了。加上当时郭丽凭借杰出的工作业绩和频繁的活动参与，已经成为了工作单位的一个"红人"。在辞职的那年她还独自立了两个三等功，当年公安部、国家工商总局、海关总署主办《全国打击走私成果展览》，在全国海关系统选拔讲解员，郭丽不但成为其中的二十分之一，而且还作为首席讲解员，为众多领导人讲解。

"其实我一早就有这个打算了。"郭丽说。海关的工作虽然好，但是还没能实现最初的梦想——当一名律师。去当律师吗？她辗转反侧，在纸上写上"去"和"不去"，陷入深思，去的话最坏的结果就是失败，赚不到钱；而不去的话，在离开这个世界的那一刻自己肯定会后悔的。几经反思，郭丽毅然决定放弃令人艳羡的海关工作，重拾律师之梦。

律界深耕，央视主讲

起初转行做律师的郭丽，心里还是有一些落差的，特别是在当律师助理的过渡期。辞职那年郭丽在海关的年薪达10万元，而律师助理每月工资只有2000元钱。除了薪酬方面的落差，更大的是心理落差，当律师可不如海关工作受人待见。那时，律师社会地位并不高，执业素质和水平也参差不齐。但出于对律师工作的热爱，郭丽越做越好。现在，她在家事法领域、商事法领域、海关法领域都很卓越而且积累了丰富的工作经验。

2011年，郭丽被央视邀请为《法律讲堂》栏目的主讲人之一。栏目组选稿很严格，需要主讲人自己选题、撰稿，还要背稿，然后对着镜头声情并茂地讲故事。现在回想起来，她感慨当初的很多晚上都是披头散发地在镜子前一遍遍地背稿子。

现在，郭丽已经做了一百多期的《法律讲堂》节目。2015年12月4日上午，在中央电视台《法律讲堂》研讨会暨与律师行业合作交流座谈会现场，郭丽在朋友圈晒出了CCTV《法律讲堂》中华全国律师协会颁发的深圳市律师协会"最优组织奖"和个人"最佳撰稿奖"奖杯，这些奖杯见证了郭丽五年多来的辛苦与付出，也见证了她的成长和成熟。

2013年郭丽被选为深圳市人大代表，她很关注司法改革的问题。去年她提出的"打破司法机关信息壁垒议案"受到了相关部门的重视，有关部门立刻开展了相关调研。同时，她也致力于提高法官的地位，维护法官的尊严，她深刻地感受到，法律的尊严体现在法官的尊严上。

2014年底，中央电视台与法制出版社联合推出图书《郭丽律师法说·底线》，黄进校长为之作序，序言："本书笔墨之间流淌的不仅仅是法情、法理、法意，更有一个年轻法律人对时代的感悟、对人性的思考、对理性的呼唤。"她是一位成功的"走进社会的普法人"。

热心公益，优雅生活

2012年，郭丽作为合伙人之一创立了广东宽和律师事务所，另一位合伙人文律师打趣说："郭律师工作很忙的，一个月回律所都不够三次。"但在繁忙的工作之余，郭丽很愿意参加社会公益事业。她组建了"爱的二次方"爱心团资助韶关市龙仙中学的学生念书，她与深圳市福田区教育局启动了"新雨计划"普法项目，她义务在妇联办公室提供法律咨询服务。

郭丽还经常给青年律师、学生等社会群体上培训课、法律宣传课，为年轻律师讲授律师形象管理和语言形态的培训课，为深圳市社区党组织书记培训示范班作基层法律治理授课。

　　离开了学校,郭丽平时很注重继续"充电",在她的办公室里,靠墙的一个高高的书架摆满了书,家里的书房里也塞满了书,她继续在法大攻读硕士研究生和博士班,也参加一些培训继续深造。

　　有着众多头衔的她,在生活中也是一个很有趣的人,讲究生活的质量。比如经常出去跑跑步,在家里养一只可爱的小狗"小灰灰",周末静心地画国画,假期和一家人到美国去自驾旅行……

　　郭丽说,社会中还存在很多问题,法律建设跟不上经济建设,大法学家们一直孜孜以求的法治社会虽然还很远,但是她相信一切会一点一点地变好,她在努力,法大人都在努力。

　　这便是黄进校长提到的"照一隅"精神,是的,在众多"照一隅"的法大学子中,郭丽是一颗闪亮的明星。

何淼:秉持公正,无愧于心

文/莫家莹

人物简介:何淼,男,贵州遵义人,中国政法大学2007届在职法学硕士研究生,现于广州铁路运输检察分院公诉处工作。2006年荣获广东省第四届十佳公诉人比赛二等奖。

"很多公诉人都说第一次当公诉人的时候很紧张,可是我从第一次当公诉人开始从来都不觉得紧张。"何淼边走边说。

18年可以见证一个呱呱坠地的孩子长大成人,18年也可以见证何淼的公诉生涯。1998年,似乎被上帝戏弄的何淼"上错花轿"进入公诉处之后,竟欣喜地发现"入对了行"。他说他是干一行爱一行,如果现在再给他一个选择的机会,他还是会选择公诉处。

法律殿堂,提升自我

何淼出生在贵州遵义,1998年本科毕业后进入广州铁路运输检察分院公诉处工作。与法大的结缘是在2004年,他以优异的成绩考上了中国政法大学的硕士研究生,其后三年在职攻读法学硕士。

由于工作繁忙,他只能在周末进行学习。"那段日子还是很辛苦的。"但何森认为授课老师更辛苦,每周都从北京飞来广州给他们讲课。何森被法大大师们的课程所吸引,为他们的法律精神所感动。他认为,法大的教育使他的法律思维和法律素养得到了巩固和提高。

2006 年,何森参加了广东省第四届十佳公诉人比赛,荣获二等奖,创下广州铁路检察分院建院以来的最好成绩。十佳公诉人的评比水平很高,竞技考试强度也很大,被何森称为是"极其烧脑的比赛"。后来由于母亲病危,何森才放弃了继续参加国赛的机会。值得一提的是,何森参加这一比赛正值在法大学习之时,他认为,对他最大的帮助就是法大的学习经历。

何森参加的是法大在广东办的广州班,所以他未曾到法大校园学习。但法大不因其校园而为法大,而因其大师、其法之精神而为法大;法大人也不因在校念书而为法大人,而因其接受大师、法之精神的熏陶而为法大人。何森也很遗憾没能在法大校园学习过,故每到北京出差,他都要去法大走一走,也许这就是法大人对法大的一种莫名的依恋。

公诉是一门艺术

"敬业,平凡,却很可贵。"何森便是一个敬业爱岗的人。在何森看来,公诉处是检察院的最主要的执法部门之一,是很能锻炼人的一个部门。作为公诉人,何森喜欢在法庭上对战律师们的刺激感,迷恋和优秀的律师强强对抗的快感,更享受以少胜多办下一个大案子的成就感。何森说,"法律是一种病,公诉是一门遗憾的艺术。哪怕是转行,我也离不开法律了。"一句话道出了他对法律和公诉的热爱。

如今,身为公诉处副处长的何森也经常鼓励新人进入公诉处锻炼,鼓励他们大胆发表自己的观点,哪怕观点可能幼稚不全面。何森跟大家说,"一切按照自己对法律的理解来,哪怕是错的,也不要领导说什么就做什么"。一直以来,何森也是这样做的,不管遇到什么样的情况,他都坚持秉公执法,按照程序办事。他说,学法的人要有自己对法律的理解,他清楚地知道自己是一个执法人，知道自己应该做什么而不应该做什么，他就是这么自信和自傲，因为他心中立着一面坚定的旗帜：法律。

"公诉人要对自己办过的每一个案子终身负责，不能有半点马虎。"何淼严肃地说，旁边的办公桌上还摆着一大沓案宗。看案宗、提押犯人亲自问话、做笔录、制作文书，公诉人接到案子后每一步的工作必须严谨认真，因为每一位公诉人的发言都代表了国家。坐在公诉人的位置上，身着制服，胸佩国徽，何淼感到无比的神圣和光荣。

作为基层检察官，何淼也经历过一些无奈的事。有一天，何淼的同事到看守所提押犯人，突然被一个犯人叫住了问他是不是何淼的同事，他的同事说是，问他有什么事。那犯人说，"你跟何淼说，我做鬼也不会放过他！"原来，这个人被何淼起诉最后被判了死刑。同事回办公室后把这件事转告给何淼，何淼一笑而过，说"那没办法，这是我的本职。"

走上杏坛，继续学习，用心生活

2015 年，何淼报名参加了由广东省司法部和教育部共同实施的"双千计划"，并被聘请为广东技术师范学院法学院讲师。"双千计划"的目的是促进法律实务部门与高校人才之间的交流，加强理论与实践的对接。从检察官到大学教师的角色转换让何淼有了新的思考方式，通过"双千计划"，他能有机会和同学们交流自己实践过程中的经验和思想。与此同时，同学们也表示有很大的收获。虽然没有教学经验，但何淼总是以一如既往的严谨作风精心制作课件、准备讲义。要做就把它做好，这是何淼坚定的信念。

一个好的公诉人要不断进行学习，在他的办公室，随处可见一些书籍，电脑前面，电话旁边，椅子上，茶几上，除此之外，茶几后面还有一个几乎摆满书的书架。何淼也一直积极参与单位组织的学习培训，前两年就相继去了四川大学、西北政法大学进行学习。

在何淼的朋友圈中，提的最多的话题有二：一是法律，二是足球。虽然在法庭上何森能言善辩,在大学的他竟从未参加过辩论队,而是把所有时间、精力投入到足球上了。这一爱好,何森也保持到了现在,经常代表省检足球队参加比赛,还能够取得不错的名次。

除了足球,何森还有一个雷打不动的业余活动,就是和家人出去散步。他的妻子和他同是公诉人,两人有一个活泼可爱的小女儿,由于平时夫妻俩工作忙,所以何森很珍惜一家人在一起的时光。而这时,也是何森暂时卸下重担,放下严肃的面孔,开心一笑的时候。女儿调皮了,何森说"你还想不想看动画片啦?""想!"女儿一脸正经,斩钉截铁地说,有几分父亲的神气,坚决又果断。何森和妻子默契地相视而笑,一家人其乐融融,令人歆羡。

夜幕降临,一家三口走在灯光流动的街上。

街上人潮车潮来来往往,谁又能想到前面这位看似平凡的检察官发出过这样的呐喊呢?——"明天也许不属于我们,后天也许也不属于我们,但未来总有一天属于法治。至于今天,我们唯一能做的便是不能迷失信仰,因为我们所站立的地方便是我们的司法,我们怎么样,司法便怎么样;我们光明,司法便不黑暗。"

何森在采访结束之时深情地说到"法大是精神的家园,法律的殿堂!愿母校在法治中国的道路上再谱华章!"

胡奎:宁静致远　将理想扎根现实

文/袁梦迪

　　人物简介:胡奎,男,1990 年毕业于中国政法大学政治系,现任河南省人民政府法制办公室综合处处长,所在部门主要负责行政系统内部监督、政府规章解释及行政执法队伍建设等工作,任职期间认真对待工作,为法治政府建设奉献光热。

　　宁静致远一直是胡奎的人生信条,许多年来,他坚守着内心的平静与和谐,脚踏实地地做好自己的本职工作。怀揣法治理想,他进入河南省人民政府法制办公室,从协调处调研员到综合处处长,他兢兢业业,为法治政府的建设贡献着自己的力量,用每段经历为自己的人生写下浓墨重彩的一笔。

点滴中促进行政执法

　　1986 年,胡奎在法大政治系读书,1990 年,他进入河南省人民政府法制办公室工作。凭借政治学辅修法学的学习经历,他在自己的日常工作中促进行政执法与行政监督。政治学的出身让他善于从宏观大局中把握问题,眼光更为长远;法大的法学环境培养了他的法治理想和法治思维。而法制办的工作恰恰是法治政府建设中不可或缺的一个环节,对于促进行政执法、进而实现法治政府的目标具有重要意义。在他眼中,法制办相当于内部行政监督机构,相对于外部行政监督机构,少了份强制力,但对应的是高效率、低成本,二者对应着不同的层面。通过对行政执法开展督促检查,对执法规范化进行能力培训,从机关内部解决问题,不失为促进行政执法的良策。他坦言,在人员处分上,机关内部监督不如外部监督强有力,但从内部解决问题是最根本的途径,其成本更低,内部监督具有不可替代的作用。

"要抓好每一个执法案件,让人民群众在案件中感受到公平和正义。"胡奎是这样说的,也是这样做的。在协调处期间,他在执法规范化立法上投入了很大心力,推动着相关制度建设。经过长期对行政行为问题的调研,结合自身的思考,他为《河南省行政执法条例》和《河南省行政执法条例实施办法》的出台提供了许多切实可行的建议。胡奎始终认为明确公正的立法是实现执法规范化的基础,也是建设法治政府的前提。为了实现严格、公正、文明执法的目标,更好地促进法律实施,他们率先公布权力清单,实行岗位责任制,将限制政府滥用权力的制度设计落到实处,将政府的权力关进笼子里,在2008年被各大媒体广泛报道。在行政执法队伍建设方面,为提高执法人员的执法水平和服务效能,他们开展了一系列法律知识讲座和知识培训,不断加强执法人员资格管理等工作。在胡奎看来,提高执法人员素质和能力,加强公务员财政保障是保证依法规范执法的根本。只有素质和能力提上去了,执法队伍才能依法行政,只有薪资有保障了,公务员队伍才能保持廉洁。为了改进法制办的工作作风,他在第三期法制讲坛中以"构建法治文化培育法制精神"为题作了一场生动的专题讲座,对法制办独特的文化内涵进行了深刻的分析和解读,对于法制办的文化建设具有重要意义。

对于行政执法中存在的问题,胡奎有自己独立而理性的思考。他认为在社会变革时期,问题是免不了的,但总体方向是好的。自媒体时代各种思想竞相纷涌无可厚非,但每个人要有自己的判断。对于我国目前在法治国家进程中取得的成就,应该放在历史的长河中进行考察。"对于我国来说,从改革开放以来能取得现在的法治成就,是相当不容易的,我们应该怀着一颗理解包容的心去看待我国的法治现状,不能盲目和发达国家相比。对于这些问题,不能急功近利,否则更要出大问题"。在他看来,目前国人的心态颇有些"不识庐山真面目"的意味,事实上,随着依法治国方略的推行,中国的法治环境不断向好的方向发展。谈起法制办的发展历程,胡奎总是感慨万千。"法制办从一个副厅级部门变为正厅级部门，人员不断增多，这体现了国家对依法治国的重视，是一个好的方向"，他笑着说，"既然国家坚持法治政府的方向，随着社会公众对于法治的认可和信仰不断增强，在法治工作者的付出和推动下可以预见，中国的法治一定会向着好的方向发展。"他的眼神中掩不住喜悦之情。

不忘初心，宁静致远

　　从象牙塔到体制内，从书生意气的少年逐渐变为脚踏实地的法治工作者，扮演每一个角色，都需要一个适应的过程，而对于胡奎来说，这份过渡非常自然。谈起自己的心路历程，他认为，工作和专业相吻合，能在法制办为行政执法的规范化尽自己的一份力量，也没有辜负心中的法治理想。慢慢地，有了妻子、孩子，人生的重心也开始发生变化，曾经的计划和想法也在渐渐地改变。对此他感触良多，"理想与现实从不是对立的，现实不会让理想击得粉碎，而是会慢慢渗透进理想中。而理想也会慢慢地变为现实，只是这个过程，比我们想象中慢了许多。人最终还是要回归平常"，他笑着说，"但不能忘记初心，法治信念是不能抛掉的"。在法大，他接受了法的启蒙，植根于心中的法治天下理想早已生根发芽，纵使洗尽铅华，初心犹在。只是他已褪去了年少时的几分稚气，开始思考如何让理想和现实更加和谐，更平和地看待现实。

　　回首二十年来的工作历程，宁静致远一直是他的指路明灯。青年时代的他还不能参透其中的内涵。但时过境迁，现在的他对这句话有着深刻的理解。对于宁静要从哲学高度去理解，不能将其理解为表层的安静。宁静就是要不忘初心，保持内心的平静与和谐，保持自己的判断和底线，不在大是大非面前犯错误，不为利益诱惑所驱动。只有一直坚持这种状态，才能在生活和工作中实现自己的目标。他曾目睹体制内许多领导本来工作很出色，但是后来因为内心的平静被打破，被利益驱动，在是非面前没有做出正确的价值取舍，最终下马。"一时的平静也许很简单，但一直不受外界干扰是很难的"，他顿了一下说，"坚持是一种伟大的品质。"他的眼神中显现出坚毅与认真。正是这一人生信条指引着他在每一份平凡的工作中脚踏实地,始终如一。

最是氛围引人追忆

时间太瘦,指缝太宽,从胡奎初入法大到现在已是 30 个春秋。那个晓月河畔的少年也已然成为人父,承担着更多的责任。谈起自己的大学时代,他回忆起当时只有 30 多个人的政治学班,班里的男生组成了围棋大军,自己也在长期观摩中学会了不少围棋知识。而法大带给他的独家记忆则是其民主和谐的氛围和自由开放的思想。社团活动和班集体为他提供了广阔的发展空间,打开了他的视野。让他记忆犹新的是班委会的竞选机制。当时实行轮流制,并且不能连任,让每个学生都有锻炼和服务班级的机会。谈及在法大的学习经历,他最欣赏张桂林老师的授课方式,在外国政治思想史的课堂上,她启发学生参与讨论,而不是简单灌输,让他受益匪浅。在他的眼中,"作为一名老师,最重要的是指引学生,启发学生,在她的课上我收获很多"。

在最美好的青春里,他用心去聆听大师的教诲,用心去结交真朋挚友,自然没有什么遗憾。"大学是人生中的一段经历,最重要的是体验,在这个过程中,结交了志同道合的朋友,形成了自身独有的思维和行为模式,是最值得珍惜的记忆",胡奎动情地说。而作为过来人,他真诚地建议师弟师妹们要在大学里多读点书,多思考点问题。他认为感受、语言和文字表达是了解这个世界的三重境界,只有多思考问题,多总结,才能提高自己的认识高度。回忆起在法大的青葱岁月,虽然当时硬件条件不好,但对于母校,他满满的是感激和自豪。看到法大硬件条件的改善和声誉口碑的日渐积累,身为法大人的他由衷地感到开心和自豪。尽管已淡出母校视野多年,但在他的心中,法大还是法大,是那个他曾挥洒青春的法大,那个他将一直引以为豪的法大。

将法治天下的理想埋进现实的土壤里,在法治政府的蓝图下做好每一份工作。是的,他很平凡,只是千千万万法治工作者中的一个缩影;但愈是平凡的工作愈难始终如一,能一直坚持、不忘初心更为难能可贵。

黄锦练：默守本心，务实求真

文/莫家莹

人物简介：黄锦炼，男，41岁，1998年毕业于中国政法大学，在中山市看守所工作两年后，进入中山市公安局经济犯罪侦查支队工作，2014年4月调入中山市公安局三乡分局工作，目前是中山市公安局三乡分局局长。工作以来，曾荣获全省打假先进个人称号一次，获得个人嘉奖三次，荣立个人三等功四次，个人二等功一次。

"妮妲"台风来了！

2016年8月1日的深夜，在中山市公安局三乡分局办公大楼里，一项任务正在紧锣密鼓地进行着。雨鞋、雨衣、冲锋衣、沙袋等救援物资已经准备妥当，警队人数也已经清点完毕，严阵以待。局长黄锦炼和一帮骨干们正紧张地盯着电子屏幕，观察着屋外的风雨，捏着手机，随时等待上级的命令，应对台风的侵袭。时间一分一秒地过去了，风雨依旧保持温和的攻势，全无台风的气势，难道是被武警官兵的阵势吓得不敢来了吗？凌晨两点，电子设备上显示"妮妲"台风气旋已经离开了中山，武警官兵们都松了口气。于是黄锦炼让大家先去休息，有情况马上集合。等警队人员散去后，他自己才也走进了备勤室，躺下了床，却睡不着，竖起耳朵听着风雨声和可能到来的电话声。

"法大为我提供了很大的后盾支撑"

初见黄锦炼,便觉得他是一个朴实、低调的人——中等身材,身体壮实,还戴着一副眼镜,颇有几分文人气息。事实上,他是一位能文能武的警察。

黄锦炼还记得初到法大时曾对学校的地址表示怀疑,"怎么越走越荒凉呢?""345 支线""进城两个多小时""图书馆的台阶",他细数回忆,仿佛一切还历历在目。从农村出来的黄锦炼,性格比较内敛,在大学显得不太活跃,没有参加任何社团、学生组织,只是安静地上课,默默地在图书馆看书。日子平淡如水,静水潜流,慢慢地却流出了他思想的宽度和深度。

当时图书馆的墙上挂有一个电视机。每天晚饭过后,黄锦炼都会到图书馆去看新闻联播。接近毕业的一个晚上,黄锦炼偶然看到了中央电视台对广东中山市的介绍,他被中山市蓬勃的发展态势吸引住了,后来连续几个晚上新闻联播都在介绍中山市的建设,这给黄锦炼留下了很深的印象。没想到不久,中山市的领导到法大招收大学毕业生,黄锦炼赶紧抓住机会报名,毕业后就来到了中山市工作。

一开始黄锦炼被分到了看守所工作,这让他感到很失落,但是领导说大学生要到基层去锻炼几年,黄锦炼只好服从安排。在大学感觉自己资质平平的黄锦炼到了看守所后,竟发现自己也有很多闪光点,他的才能,尤其写作才能在做文字工作的时候得以体现出来。是金子总会发光的。不久,黄锦炼的才能被领导发现了,两年之后,他被调离看守所,进入中山市公安局经济犯罪侦查支队工作。

作为单位里少有的高校大学生,黄锦炼拥有更全面的法律知识体系和更严谨的法律思维。每每遇到疑难案件,大家都没能讨论出结果的时候,领导就会重点询问黄锦炼的意见,而他所发表的意见基本上就能给案子的后续处理定调。大家都很佩服黄锦炼的破案能力,黄锦炼认为,"法大为我提供了很大的后盾支撑。"尽管后来在中山大学继续攻读了法律硕士,黄锦炼在介绍自己的时候还是喜欢说自己是法大人。

2010 年,36 岁的黄锦炼重新复习法律知识准备司法考试。尽管单位很重视民警的司法考试并且提供了很多优惠条件,身为经侦队大队长的黄锦炼却没能完全放下工作。每天除了完成工作之外,就是不停地复习,每天晚上复习到凌晨两三点才睡。当时他的孩子还小却很懂事,经常叫爸爸早点睡。上天不会辜负有恒心的人,凭借扎实的法律功底,黄锦炼以 472 分的高分通过了司法考试,位列市第一名,省第二名。同事们纷纷称赞,"真不愧是法大的学子,厉害!"

一个务实的英雄

在黄锦炼的奋斗历程中,你看到的只有两个字:务实。1998 年毕业,在看守所工作了两年后调到经侦队,从科员到副大队长再到教导员,然后到大队长,再到现在刚上任不久的三乡分局政委和局长。来自农村,黄锦炼没有任何背景,一切只能靠实力。更难能可贵的是,他一直兢兢业业,恪尽职守,怀着真诚的心为人民服务。

派出所的基层警察都表示基层的工作又忙又累,随时都会有意想不到的危险,但黄锦炼总是温和地微笑着,头上还有一道两三厘米长的伤疤。这个伤疤诉说着黄锦炼经历的一次危险事件——就在司考成绩公布前两天,黄锦炼接到市质监局提供的线索,协同一群民警前去查处制售假冒家电产品窝点。他们在执法过程中遭到违法分子的阻挠,黄锦炼遭到头部袭击后当场血流如注晕倒。事后黄锦炼被送到医院缝了七八针,在这样的时刻,他还很体贴妻子,怕妻子担心直到次日才告知。

黄锦炼的得力部下鄂楚金所长还讲述了自己和局长经历的一次惊险的事件。就在黄锦炼和鄂楚金分别上任局长和所长不久,他们接到了一宗炸楼案。黄锦炼连忙携部下赶到事发现场,当事人因生意欠下重债归还无望,又得知自己身患绝症将不久于人世,于是产生仇世之念,全身绑上炸药坐在写字楼里扬言要和大家同归于尽。当时黄锦炼和鄂楚金同当事人协商谈判,离当事人最近。在这样惊险的场景里,两个人感觉就像是看电影一样。鄂楚金回忆说,"当时局长跟我说了一句话令我印象很深,他说'如果他引爆炸药,我应该是中国就职时间最短的局长了。'我也回了一句,'那我应该是中国就职时间最短的所长了。'"在这样的情形下,黄锦炼对当事人晓之以理动之以情,花了九牛二虎之力终于把当事人劝下来,解除了危险,大家都捏了一把冷汗。

　　身为局长,黄锦炼不需要像以前一样到一线去办案,但是对重大的情节,严重或者是棘手的案件,他会亲自做出批示。正如鄂所长提起的另一件案子,那是关于一彪形大汉吸毒产生幻觉在派出所咬舌自残的案子,正当大家一筹莫展的时候,鄂所长给黄锦炼打电话。黄锦炼建议把该男子的家属叫来协助劝解,做好见证,并在法律规定权限范围内从轻处罚。大家按照黄锦炼的指示果然顺利稳住了男子的情况。类似的案子还有很多,鄂楚金等人都很敬佩黄锦炼的聪明才智和应变能力,称赞道:"他不愧为我们的局长。"

　　中山市公安局工作的宗旨是"治安重在防范,而不在于破案"。黄锦炼严格贯彻这个纲领,亲自带队进行平安出租屋建设,加强流动人口的管理,对娱乐场所进行稽查,整顿交通秩序,宣传禁毒,开展全民防骗宣传教育活动等等。在空闲的时间,黄锦炼还穿上制服,腰间配上枪,带着几个民警到街上去巡逻,走访商铺,询问民众对治安情况的看法。黄锦炼愉快地说,"大家对治安工作的肯定,就是我工作的价值所在。"

　　在中山市公安局举行过20多次的"每月一星"的评选活动中,三乡分局共获得过四个"每月一星",是得奖最多的分局,提起此事,黄锦炼的脸上写满了骄傲与自豪。

见同事比见家人还多

　　"我每周连值四次班,晚上就在这里休息。"黄锦炼指了指会谈室角落里的一个房间,门牌上写着"备勤室"。与黄锦炼家人熟悉的文警官说,"他要是回家,他妻子问他的话不是'怎么才回来?'而是'今天怎么回来了?'"确实,黄锦炼称平时工作很忙时间很紧张,每周只能回家两次。文警官补充说,"那你知道吗? 他每次回家只能待20分钟。"黄锦炼连忙纠正说,"没有没有,30分钟,30分钟。"

当被问到最想对家人说句什么话时,黄锦炼沉默了一会,坦言"很愧疚。"已经五年级的儿子平时很少有机会和爸爸一起。"但是我跟儿子关系很好,回家我们经常约一起看电影,结果看着看着父子俩都睡着了。"黄锦炼笑起来,既幸福又让人感到一丝丝心酸。

黄锦炼见同事比见家人还多。他关心下属,知道大家工作辛苦,每个月都会请几个同事出去吃饭,慰劳大家,顺便了解大家的工作和排解大家的情绪。"局长工作勤勉,仁义公正。在他手底下干活我们虽然很辛苦但很舒心。私底下跟局长在一起时我们都是有说有笑的。"一位警官说。对新来的同事,黄锦炼尤其重视他们在局里的"第一次体验",对下属们千叮万嘱一定要给新同事一个好印象,哪怕他只是一个实习生。他也尽量亲自和新同事见面,请他们吃饭,关心他们的情况,并主动询问是否需要提供经济上的帮助。

一条最新消息称,今年广东警察院校警察招录考试前20名都有意向来中山市公安局。这让特别重视民警的文化、法律素质的中山市公安局很高兴,黄锦炼的下属也都拍手叫好。黄锦炼说现在的警队中高素质人才越来越多,执法的素质和法律的意识都大大提高,这是社会法治的一个福音。

在繁忙的工作之余,黄锦炼最大的业余爱好就是游泳。无论冬夏,这一项运动他都坚持得很好。"冬天游泳就像盖被子一样,很舒服的。"黄锦炼笑道。虽然工作辛苦,但他身体却很壮实。是的,没有健硕的身体又怎能扛起重任?

作为基层警察,就要顶住压力,看见再多社会的黑暗面也要保持积极乐观的心态。法治征途上,黄锦炼坚守底线,乐观前行。

也许在十几年的时间里,有的人已经如鱼得水,鹏程万里。而黄锦炼十几年身在基层,一直如黄牛一般,踽踽独行,默默耕耘,任劳任怨。是的,黄牛没有鹰的高度,没有狮子的威望,但谁又能说它没有成绩呢? 看吧,它身后犁过的田现在已经种满谷物,有的已经硕果累累,有的还在茁壮成长,生机盎然。现在它正拖着更大更好的犁,它知道前面还有更多的田地等着它去犁,等着它去耕作。

郭宏清：激情探索人生之美　豪情谱写美丽人生

文/傅薇

人物简介：郭宏清，男，大成（厦门）律师事务所高级合伙人，兼任着厦门市政协委员、厦门仲裁委员会仲裁员、厦门市湖里区和翔安区政府法律顾问等社会职务。

20多年前，正在福建师范大学附属中学上高一的郭宏清，偶然听说并深深地记住了中国政法大学，也记住了当时的江平老校长。当时，对法律仅有一些模糊而粗浅理解的他，抱着"想去北方看看"的简单想法，在高考志愿选项中填上了"中国政法"。而后，在燕山支脉下苍凉的北京昌平，他度过了四年的军都春秋，收获了属于自己的法大记忆。

从《窗外窗》到"法通社"：青年涌动着激情的热血

入校伊始，郭宏清本想潜心遨游于法学的学术海洋，然而他高中时期担任班长和宣传委员而培养起来的新闻撰写与文字编辑特长被老师发掘，便受命开始担任班刊及系刊的编辑工作。郭宏清至今仍保存着自己主编的第一期系刊——《窗外窗》，刊名的灵感源于齐豫的老歌《窗外》。小小的一册《窗外窗》，却寄托着那个时代的青年人所笃信并坚守的社会理想与信仰，字里行间充溢着他们内心的勇气与希望。同时，这一本小册子也打开了郭宏清在大学期间、于学习之外的另一扇窗。

彼时，法大本科教学部刚从学院路老校区迁往昌平不久。新校区里只有教学区和两栋学生宿舍。下课后，老师们纷纷回到市区，学校里便只剩下学生了。在"无根、无传统、无束缚"的"三无"情况下，学生社团多元并存，蓬勃发展，学生自治色彩浓厚。郭宏清也凭借着深厚的文学功底进入了校记者团。

在这样一个倡导舆论自由、坚持个性的社团中，郭宏清从团员最后一直做到了团长。后来记者团整合了摄影协会等几个社团，改组成"法大通讯社"，郭宏清担任了通讯社的第一任社长。当时，办报、办杂志的条件都很落后，但郭宏清与其他社员一起凭着内心最淳朴的激情，不怕苦累。从最初的手抄报，到后来用胶带粘合起来的简易报纸，郭宏清至今都悉数珍藏。"这些报纸抒发了法大学生深邃的情感与思想，寄托着大家执着的心声与希望，"他说，"最多的时候全社有 100 多人，拥有三间独立的办公室。这是比校学生会、学委会阵容更大的学生自治机构，并与北大清华等高校的一大批知名学生社团合作开展了许多活动。"法大通讯社能人辈出，很多社员后来都成为了优秀记者、资深编辑和知名作家。"无心插柳柳成荫"，对郭宏清而言，这段计划外的特殊社团工作经历对他的人生产生了潜移默化的影响。"我的看社会、看生活、看幸福的角度也发生了一些转变"，他这样说。

"无知"想法，坚定践行：壮年追逐着激情的梦想

毕业后，郭宏清在北京作了短暂的停留。随着国家改革开放进程的不断深入，郭宏清怀着对特区的憧憬和对家乡的依恋，回到了位于厦门的部属企业从事法务工作。抱着"要了解法律，先了解经济"的想法，他主动要求调往运营部门，在内贸和外贸部门积累了多年经验后，最终走入了单位的管理层。

后来，郭宏清萌生"下海"的决心，于 1998 年回到北京进修，参加了中美司法部合办的高级涉外律师培训班。后来他进入福建兴世通律师事务所从事律

师工作,因工作业绩突出,2000 年开始担任律所合伙人。2009 年 1 月进入北京大成(厦门)律师事务所,现担任分所主任、高级合伙人。郭宏清这样形容自己的职业生涯:"抱着看似无知、不见得正确的想法,但幸运地按照自己的选择慢慢走下来了。"

在律师的本职工作之外,目前郭宏清还兼任着厦门市政协委员、厦门仲裁委员会仲裁员、致公党厦门市委委员、厦门市湖里区和翔安区政府法律顾问等社会职务。在他看来,"律师应当具有敏锐的社会触角",而不应该仅仅局限于自身所代理的案件。政治与社会生活息息相关,通过政治生活的平台,郭宏清能更加深刻而准确地把握整个社会的最新需求与动态,从而在律师工作领域更好地做到"以社会需求为法律服务的出发点",在更大的平台上发光发热。

从 1999 年至今,作为厦门广播电台经济交通台的客座主持人,郭宏清先后与著名主持人大英、丁成搭档主持《说法》节目。十年来,无论电台经过怎样的栏目调整、团队变化,唯独《说法》这个栏目一直都在。郭宏清也在每一次与听众的交流中,担起了自己肩上的社会责任,"不管个人取得了多大的成就,都应尽一些社会义务,担一份社会责任。"

享受生活,用激情创造和发现美

2010 年,中国政法大学校友会厦门分会联合厦门仲裁委,邀请江平老教授赴厦门举办"中国法学 60 周年"主题讲座,来自厦门各界的人士踊跃参会听讲,活动取得了很好的社会反响。身为法大厦门校友会秘书长,郭宏清总是尽心尽力地组织每一次的校友聚会,大家除了普通聚餐、羽毛球比赛、户外登山、远途旅游等活动外,每年中秋的"博饼"更是厦门校友们独具特色的联欢活动了。

"人最终的幸福来自于自我内心的满足。每个人都应当学会享受生活。"郭宏清是个喜欢旅游的人。他深爱着欧洲天空的碧蓝,震撼于西藏雪域的神秘,为古都西安那些历史所沉淀的秦砖唐瓦所折服。在他眼中,每个地方都有它的魅力之处,不论是小而雅的苏杭小园雨巷、西塘清流石桥,亦或是壮丽五岳的峭壁与悬崖。热爱摄影的郭宏清无论去哪里出差或旅游,都会带上相机,随时都准备着将眼中瞬间捕捉到的美丽定格。许多朋友都惊异于郭宏清取景的精妙,叹服于他总能匠心独运地将稀松平常之景,以独特的角度化作胶片上沉默的思想与意境。

郭宏清始终强调,作为律师要把握好两点:其一,激情;其二,用激情创造和发现美。于他而言,工作如是,生活亦是如此。

彭燕:开怀怒放的钢铁玫瑰

文/李叶

人物简介:彭燕,女,彝族,1974 年 6 月出生。中国政法大学 1997 届本科毕业,现任北京市昌平区检察院公诉二处兼未成年人刑事案件检察处处长。先后获得北京市人民满意的政法干警标兵、全国模范检察官、全国先进工作者、北京市创先争优优秀共产党员、个人一等功等荣誉 31 项。

曾经有一部电影《钢铁玫瑰》,其故事主人公的原型,就是 1997 年毕业于我校、现任北京市昌平区检察院公诉二处兼未成年人刑事案件检察处处长的彝族姑娘彭燕。电影讲述了一名年轻女检察官坚强面对癌症折磨、始终坚守司法战线的感人故事。而真实的彭燕的故事又是怎样的?本文将为你讲述这位"钢铁玫瑰",人称"铁燕子"的彭燕的故事。

关注、关心、关爱——致力于未成年人权利保护

1997 年,彭燕毕业于中国政法大学,毕业后进入北京市昌平区检察院,28 岁开始担任主诉检察官,2002 年开始带领三名承办人全面负责未成年人工作,至今已 12 年,并担任昌平区检察院专门设立的未成年人刑事案件检察处处长一职。

谈起青少年犯罪与对未成年的权利保护，彭燕向我们讲述了她以前经手过的一起大学生盗窃案件。案件中的这名大学生来自偏远山村，父母都是农民，家里供养他上学十分不易。对于父母的含辛茹苦，他看在眼里疼在心里。在校期间，他想尽办法节省开支，还时常通过做兼职补贴家用。某年暑假实习时，与他同住的一名同学将钱包放在房间，里面大约有 2000 元钱。彭燕说，"当时他看到钱的第一反应就是，拿走这些钱就不用再担心下学期的学费问题了。"在这种想法的支配下，这名大学生最终忍不住拿走了这些钱。结果案发了。"当时北京市关于盗窃罪的最低定罪标准是 1000 元人民币。因此，他被刑拘、移送审查起诉。"说到这里，彭燕的语气还是略微地透露出当时的担心与紧张。因为她深知，被起诉对于一个刚刚才开启美好人生的孩子来说，将是一辈子不可磨灭的"标签"；而对于一个将全部希望都寄托在孩子身上的穷苦家庭来说，更意味着难以承受的重挫。因此，在充分理解我国刑事司法政策的基础上，配合一些相关的辅助工作，彭燕通过到看守所提讯嫌疑人，了解了他的犯罪动机、整个犯罪实施过程与成长背景、在校生活学习情况。她意识到这只是一名由于一时冲动、偶然走上犯罪道路的青少年。社会给予他的应该是挽救、保护和教诲，而不是惩罚。正是本着这样的理念，彭燕及相关的办案人员在进行相关论证、汇报之后，最终对这名大学生作出了不起诉的决定，并且与他所在的学校取得联系，让他重新返回了校园。

"其实我们每个人都是从年少的时候逐渐成长起来的，青少年对于很多事物的认知度不够，处理问题时容易冲动且不计后果。"常年办理青少年犯罪案件的彭燕总是力求挖掘"失足少年"内心最真实的想法，她说，"我们办理案件是为了打击犯罪、保护文明、维护社会的安定和谐，也是为了让那些曾经违过法、犯过罪的青少年能够从中吸取教训，回归到正常的社会生活中来。这是我们在办理青少年案件和普通刑事案应该具有的不同理念。每一个案件都像是一块试金石，我们必须把握其特点，才能真正地做到刑法的立法精神与原则——罪责刑相适应。现在我们国家的法律，特别是针对未成年人制定的法律，正在一步一步完善，实际上就体现了十八大中所说的'人权得到切实的尊重和保护',也体现了十八大所强调的'关注、关心、关爱青少年,让每一个孩子成为有用之才'"。

"彭燕热线"与"彭燕邮箱"

为了加强与群众的联系,了解群众诉求,更好地发挥检察职能,昌平区检察院面向社会开通了"彭燕热线"与"彭燕邮箱"。谈到这些以她名字命名的检察机关"新窗口",彭燕解释,"其实这主要是基于之前媒体对昌平检察院整体情况以及我个人的一些报道,越来越多的老百姓希望找我们聊一聊,讲一讲他们的遭遇。虽然它是以我的名字命名的,但这是整个检察机关为民服务所设立的品牌,主要是为了给老百姓提供更多的渠道来反映他们的司法诉求。我们希望通过这样的一个桥梁,搭建起与广大群众的沟通渠道。"而据彭燕介绍,自从热线与邮箱开设以来,她都会定期接听电话、回复邮件,"常常一打电话就是好几个小时",回答群众的问题,帮助解决他们的疑惑。"比如说前两天有一位女性给我打电话诉说家庭不幸,从电话里我可以感受到她已经产生了轻生的念头,她一直说自己对生活没有信心和勇气了。那我们就通过这个热线来进行劝导,帮她排解苦闷情绪,并建议她采取更为积极向上的生活方式。"

在采访前与昌平检察院政治处陈主任的沟通中,记者了解到,目前昌平检察院正在考虑依托中国政法大学法律援助中心与心理诊所等,成立专门的工作室,为公众提供更为可行有效的问题解决途径。

态度决定人生,精神支撑命运

自行审查和决定起诉案件 1500 余件、提讯犯罪嫌疑人 2500 余名、累计加班 1800 多个小时……这些无疑是彭燕从事司法检察工作十余年来最完美的注脚。正是由于她过硬的业务素质、可靠的工作作风，彭燕常常被周围的人称为"铁燕子"。

然而，2005 年，正当彭燕处在事业上升期的时候，她在一次例行体检中却被查出患了甲状腺癌，必须立即动手术。"拿到诊断书的那一刻，说实话我脑子里一片空白。突然有人告诉你得了癌症，真的很难相信，也很难接受。"但是，彭燕并没有被病魔击垮，她很快调整了心态，并积极配合手术。在手术结束不到三个月的时间里，她又坚持重新回到了自己心心念念的工作岗位上。当记者问及当年的这一场人生苦宴时，彭燕的语气格外平静、淡然，"其实很多人问过我这个问题，我想，就像一个部队必须要有亮剑精神一样，我们每个人也都要有一种向上的精神，要对得起生命赋予你的宝贵时间。每个人都会生病，只是有轻有重。你生病了，肯定需要经历一个过程，关键是这个过程的长短，这个过程对你的影响程度。态度决定人生，精神支持命运。我们不能被疾病打倒，也不能被自身击垮。"彭燕就像一朵不畏风雨的怒放着的钢铁玫瑰，用实际行动书写着一位年轻女检察官的绚丽人生。

四年四度军都春，一生一世法大人

彭燕对"法大人"这一称谓有着强烈的归属感与认同感，它就像根一般在她的内心生长、发芽，给予她最宝贵的养分。彭燕说，在军都山下、昌平校园生活的那四年，她印象最深的就是我们时常挂在嘴边的那句"四年四度军都春，一生一世法大人"。

"可能在学校的时候，对我们来说这只是一句普通的话语，只不过表明我们在这里度过了大学四年。然而，当你迈出校园、步入社会，再回过头来你才会发现，这句话不仅仅是对我们成长经历的总结，更是对每个法大学子永远的勉励。从十八九岁到二十一二，在我们人生观、价值观形成的最关键时期、在我们从学生向社会人转变的重要阶段，是法大的培养与教育，是法大特殊文化的熏陶，让我们接受了法学的思维，成为了一名真正意义上的法律人。这对我的一生来说都是受益匪浅的。"而对于母校的未来,彭燕感慨道,"感谢母校将我们的青春化为了我们成长的动力,希望母校继续肩负起教育青年的崇高使命,为推动小康社会的发展、全面推进法治社会的进程,贡献出一所高等法律学府应尽的责任、义务和能力! 祝愿母校的明天越来越辉煌!"

李延武：至人无己，静水流深

文/杨泽龙

人物简介：李延武，男，1989 年毕业于中国政法大学，毕业后曾留校做辅导员，后于国家公证处工作，现为天驰君泰律师事务所高级合伙人，主要从事公司事务与房地产业务。

在 5 月 10 日天驰君泰律师事务所与中国政法大学民商经济法学院"第二课堂"签约仪式上，李延武第一次见到了他捐助的五个学生。在 2012 年，李延武从自己的积蓄中拿出了 20 万元捐赠给民商经济法学院的五名贫困生，如今他们即将毕业。五名受捐助的学生跟随签约队伍而来，当面表达了感激之情，并送给李延武一本由他们亲手做的相册作为纪念。李延武轻轻翻阅着相册，脸上浮现出欣慰的笑容。

感恩母校，吃水不忘挖井人

"学校有一部分学生本身是很优秀的，但因为家庭条件的限制，对他们来说上学都是一件很不容易的事情。就像我捐助的一个女孩，住在非常偏僻的一个地方，从她家到最近的城市都要走两天，真的是非常艰苦。"李延武谈及捐赠的原因时说到，一是想为这些学生做一些雪中送炭的事情，让更多学生可以顺利地完成学业;二是自己本身是由学校培养成才,对学校怀有浓厚的感情,也算是对母校的一种感恩。看到自己捐助的学生可以像其他人一样正常地度过大学生活,李延武感到开心和自豪。

李延武在捐助期间从来不会去询问学生的学习状况,甚至都不想让受捐助的学生知道自己是谁,他只是默默地伸出援手后再默默离开——直到这次签约仪式,五名受捐同学才第一次亲眼看到了自己的"恩人"。

"毕竟这个年龄的孩子吧,不想让他们有那么大的心理负担,只是希望他们能够比较顺利地完成学业。"对于李延武来说,无论是捐助学生还是做其他的慈善,他都希望能低调行事。既不希望给捐助者太大压力,也从不去要求其他人也加入其中。"因为这种事情,对于一个人来讲,或者对于一个圈子来讲,一定范围的人来讲,应该是一个比较个性化的事情。做这种事情与每个人的想法、出发点、能力等等这些都有很大的关系。所以你自己能做到的事情你不一定去要求别人,号召别人也加入你做同样的事情。"

然而他的行为却对其他人产生了很大的影响。一名受捐助的同学这样说道:"我很受感动,之前素昧平生,却慷慨解囊。真的是发自内心地想感谢他。无论是物质上的帮助,还是精神上的支持,都让我自己变得更好。"

民商经济法学院一位老师这样评价李延武:"作为法大的毕业生,他的捐助行为源于对法大校园的留恋,这既是一种母校情怀,也是一种对学弟学妹的关怀;还有就是作为一个法律人的情怀,更能理解责任与使命,进而力所能及地帮助后辈完成学业。"据这位知情老师介绍,李延武将捐助的20万元平均分给五个人,在他们就读期间,每人每月能得到1000元的补助金。

李延武在功成名就之后时刻牵挂母校、回馈母校,并且静水流深,利万物而不争,他真正做到了"吃水不忘挖井人"。

随遇而安,学会过市民的生活

初次见到李延武律师,他总给人一种老庄式的仙风道骨之感。大概是因为犹如严冬初雪的细软白发，或者说是温文尔雅谈吐文风。而细数李延武律师的人生经历，"上善若水"这句话在其人生的每一阶段无不体现得淋漓尽致。

李延武1985年考入中国政法大学，四年的大学生活对于他来说似乎并没有太大的波澜。在别人忙于各种比赛竞赛，或一头扎入专业书的书堆中时，他却不骄不躁，对周围一切事物持着敏锐的关注度，汲取多方面的知识。在这别人看起来平凡普通的四年时间里，他默默积累为未来的事业打下坚实而深厚的基础。

1989年从法大毕业后，李延武选择了留校当辅导员。"学校刚建立需要人，就留了下来，条件很艰苦。"当时的昌平没有通高速公路，连辆到学校的公共汽车都没有，坐345公交还得走到西关环岛那里，学校里各方面条件也都比较差。"不过现在想了想，从工作开始到现在三个职业，比较留恋比较有意义的还是这四年，每天的生活都很快乐。"当时一届的学生不多，一个辅导员只带一到两个班。由于年龄相仿，他和学生们相处得非常融洽。周末没事的时候会和自己的学生打扑克，带着学生在办公楼后面的空地处挖坑栽树，到如今这些树已经亭亭如盖。"我的每一个学生我都能轻松叫上名字来，现在我们每年还都要聚一聚。"李延武如是说。把那一届学生送走后，李延武去了国家公证处工作，当了六年的公证员。1999年李延武辞掉了公证处的工作，转而从事律师行业。

李延武第一个工作的律所是广盛律师事务所工作，又经北京五环律师事务所工作后，于2009年到天驰君泰律师事务所工作。天驰君泰律师事务所是在北京人数排前五名的著名律所，李延武是天驰君泰的高级合伙人，主要从事公司事务与房地产业务。

李延武轻描淡写地叙述自己的工作经历："倒是做过几个有趣的案子，但谈不上多大的社会影响。"他讲述了自己曾为一个中乌合资的企业代理有关专利的案例。在其口中显得平淡无奇的此案，却是当时被称为钢铁行业知识产权保护第一案的"戴斯玛克案"，在行业上具有标杆性的意义。当李延武讲解其中类似于"利用镁粉进行脱硫"之类的化学专业知识时，无不信手拈来，这也充分印证了他所说的，当初在学校里广泛汲取知识的积累，在今后的人生中总有用武之地。

"我和我们同龄人比吧,我有些想法和他们不太一样。有时候我就经常跟他们说,和平年代要学会过市民的生活。"李延武就是这样一个从容的人,而他的人生经历更是处处彰显着随性、不受拘束的个性。谈吐温婉不具锋芒,处世随遇而安,性情洒脱逍遥,行事不好张扬……这一切无不让人想起那句"至人无己,神人无功,圣人无名。"道家有言:"处其实不居其华",倒是很好地表达了李延武律师一直崇尚的生活态度。

心系法大,一生一世法大人

"我们一家三口都是咱们政法大学的,所以我对学校非常有感情。"李延武的夫人是他在校认识的大学同学,多年后,女儿也是自愿报考了法大,这一切仿佛都是冥冥之中的缘分,他的一生都与法大有着难舍难分的联系。因为家与学校紧密相连,李延武虽然已经离开法大 20 余年,却还是对学校有着浓厚如初的感情。

"那时候教我们的,都是些非常厉害的老师。江平校长当时教我们西方民商法,罗马法史;常英老师教我们民诉;有一些老师当时比较年轻,像刘心稳老师,不过去年刚刚退休了,他教民法通则讲得特别好,特别生动,给人的感觉就是他钻研得比较透。如果老师讲课,自己对这些研究得不够透,他教给学生的就是生饭。"李延武这样评价他在法大学习时的授业老师。这些杰出的法学教师们为他打下了牢固的理论基础,对日后的工作产生很大影响。

"应该说是学校培养了我们一个很好的学习习惯。"李延武觉得,虽然说自己的法律实践基础更多的是从公证处工作期间获得,然而在学校中培养的学习习惯更是一直使他获益匪浅。"一个是学法律的人走出校门以后还是应该不断地学习。这个学习是很重要的,但是学习的这个内容可能和学校里学的不一样。更多的是向社会学习,向周围的人学习。"他常说,机会是留给有准备的人的,不断学习就是在不断地准备着,这种在学校培养的学习习惯使他终身受用。

"还是很感谢学校的。因为没有学校这么多年的培养，而且没有学校里那么宽松的工作环境，大概我们也很难走到今天。"李延武说，可以说留在学校工作那四年让他有机会留在了北京，而这对他后来的人生发展具有很重要的意义。

"如今作为法大的校友，当然希望学校越来越好，能培养更多的优秀的学生，也希望学校在未来的招生教学上有更大的变革和改进。"正值校庆，李延武表达了自己对学校的祝福并且提出了建议。

一家三口与政法紧密相连，八年在法大的喜怒哀乐，一生的精神受用和感情所系，这一切无不印证着那句"四年四度军都春，一生一世法大人"。

李玥斌：仰望法治星空，挥墨律政人生

文/张颖

人物简介：李玥斌，男，中国政法大学刑事司法学院2007届本科毕业生，中国政法大学四川校友会秘书处负责人。现任四川益州律师事务所副主任，主要代理方向为民商事。自从业担任专职律师以来，他已经承办了近400件各类型诉讼和非诉讼案件，诉讼类案件胜诉率和当事人满意率均为97%以上。

从2007年毕业走上工作岗位，到如今在律所独当一面，虽然李玥斌已经离开母校九个年头，但光是通过他的微信朋友圈，仍然可以看出他对母校的关注和关心。正可谓是，四年四度军都春，一生一世法大人。

在校期间丰富的实践和实习经验，坚定了李玥斌从事实务工作的信念。通过了司法考试之后，他便回到家乡四川，进入到公证处工作。

可是很快，年轻的李玥斌发现，一成不变缺乏创造性的工作并不适合自己。一番思考过后，他毅然选择了富有挑战性和灵活性的律师职业并为之奋斗。

像太阳一样，播洒法律的阳光

他是律师，用行动守护正义的天平，呵护百姓的冷暖。

现在,李玥斌已经在四川省内一所知名的律所担任副主任一职,主要方向为民商事。自从业担任专职律师以来,他已经承办了近400件各类型诉讼和非诉讼案件,诉讼类案件胜诉率和当事人满意率均为97%以上。谈及胜诉率,李玥斌十分谦逊。他说律师作为当事人的代理人和发言人,并没有决定权,只能是尽可能地利用法律知识,对客户负责,尽可能保证当事人的利益最大化。

李玥斌表示,不同的性格适合不同的职业。根据统计,在成都平均一个法官一年要处理300到400个案子,检察官也差不多;并且体制内的工作也会在不同程度受到限制。而他则更希望能够把时间多多用在专业上面,律师这一行业的特点和要求更加能够鞭策他不断前进,实现自己的法治理想,也为国家实现"依法治国"做出自己的贡献。

他回想起读书时,学校的《法理学》中有一章叫作"法的应然和实然",论述关于实证主义法学与自然主义法学的不同。现在他的家里也仍然存放着大学时代的教科书,他说每每读时都会有全新的体会,学不在多,在于思考与发掘。同时也不能忽略理论与实践的差别,只要能够实现个人价值观,无论何种职业,都适合自己的选择。

他谈到了自己代理过的一个有关职务侵占罪的案子。在公安机关证据不足的情况下,他通过细致的调查取证和深入的法律分析,在法律允许的框架内,成功地为被告人争取到了最大利益。我们都知道,实证主义法学强调国家法与自然法的区别,程序正义也是一种正义。对于这种既富有挑战性又有意义的工作,李玥斌执着敬业,并且乐在其中。

在被问到从业之初有没有感受到现实与理想的差距时,李玥斌笑了笑,他说起了在学校时的王人博教授的一堂课,课上教授举了河南李慧娟法官依法判决但却被开除法官资格的例子。正是这堂课,使年轻的李玥斌明白,即使是为了公平正义,也不能一味地蛮干苦干。光有法治理想和法治理念还远远不够,实现还需要技巧和方法,所有有志于从事法律事业的年轻人都应该吸取李慧娟法官事例的教训。要认识到,律师职业,既需要法学家的素养,也需要政治家的立场;既需要诗人的激情,也需要哲人的智慧。

李玥斌,在各种复杂的情况下大胆抓住问题的要害点,严谨思维,勤于沟通,追求卓越。为了实现心中的法治理想,他一丝不苟,默默耕耘,始终将工作放在首位,他像太阳一样,始终在播洒法律的阳光。

感恩母校,做永远的法大人

全国各地都有从事法律工作的法大校友的身影,即便是在西南地区也不例外。李玥斌坦言,在工作中,他接触到很多不同行业的法大校友,深深感受到法大人共同的精神和品质。

首先就是团结。在西南地区,虽然西南政法大学的校友更加集中,法大的校友相对较少,但是大家不论是业务还是生活方面的沟通都很多;其次是业务能力和学习能力很强。他们律所的合伙人之一,法大91级的白师兄,在参加工作之初仅仅用了三个月时间就熟练地掌握了业务,令同事们对于法大人的风采惊叹不已。再次是有原则。他接触到的法大校友在工作中遇到突发事件都能够冷静的进行理性分析,不会表现出一丝一毫的偏激。最后一点是法大人身上体现出的法律精神。他说最近选择回到家乡的四川校友越来越多,他感到无论是法学专业还是非法学专业,无论是否从事法律相关工作,大家都是一个法律共同体,四川校友会也在逐步发展相关学术研讨或者学术沙龙,受到广大校友的一致好评。李玥斌所供职的四川益州律师事务所,是中国政法大学冤假错案研究中心和中国政法大学知识产权研究中心常务理事单位,同时也是中国政法大学四川校友会秘书处所在地。律所的合伙人都是法大的校友,他同时也是秘书处的负责人。李玥斌说,在四川校友会会长徐建华和副会长李桢的积极筹备下,他们马上要在今年下半年组织一次毕业生迎新和职业规划沙龙,邀请实务界出色的校友,从实际出发,与年轻的校友交流,分享职业经验,传承法大精神。

回想起在法大读书的岁月,李玥斌说自己最难以忘怀的是大家一心向学的风气和图书馆丰富的书籍资源。他仍然记得2004年那个炎热的夏天,宿舍里还没有空调,大家在汗水中迷迷糊糊地进入梦乡,又在汗水中不甘愿地醒来,可是就是在这样的条件下,他和身边的许多朋友们都在占座学习、泡图书馆。昌平虽然距离城里远,但是远离闹市,又怎么能说不是另一种幸运呢?还有图书馆,尤其是政治法律方面的书籍,尽管他去过很多其他高校和省市的图书馆,但是没有一所能比得上法大。毕业之后,他听闻学校又增加了文渊阁图书馆,愈加羡慕在校的师弟师妹。他真切地希望大家能够珍惜眼前的一切,利用学校提供的学习资源和平台,开拓视野,提升自己,努力成长为国家和社会需要的法律人才。

在法大求学的四年,是李玥斌心中永远难以忘怀的岁月。在课堂上讨论,在球场上奔跑,在考场上奋斗,在毕业歌中说再见的日子都仿佛还在昨天。最后,他借用在 03 级毕业典礼上徐显明校长所说的"再大的校园,再大的教室,也承载不了法大人的精神"一句,向母校致敬。感恩母校,他是永远的法大人!

林长华:驻村更"驻心",扶贫且"扶志"

文/郑育婷

人物简介:林长华,男,1982 年 4 月出生,中国政法大学 2005 届校友,大学毕业后到厦门海关从事执法工作,现任漳州市云霄县和平乡内洞村党支部第一书记。2014 年 4 月,根据福建省委的安排,受所在单位厦门海关的委派,林长华到省级扶贫开发重点村漳州市云霄县和平乡内洞村担任党支部第一书记,专职从事扶贫开发工作。至今两年多的时间里,他把一个"脏乱差"的山区穷村打造成了干净、整洁、富有特色的知名村庄。2015 年,内洞村共接待各类游客 3 万余人,新增收入 200 余万元,新增就业机会 400 多人次,村民经济收入显著提高。2016 年,内洞村党支部被评为先进基层党组织。

如今,当我们踏上内洞村的土地,铺陈在我们面前的是一幅优美的乡村画卷。正处雨季的南方,空气里仿佛氤氲着泥土的芬芳。村庄掩映于莽莽大山之中,四周绵延不绝的苍翠让人不禁产生置身巨洞的错觉,"内洞"之名也源于此。村庄周围是长约 1.9 公里的峡谷地带,滑瀑、叠泉、深潭、奇石的美丽景致错落其中。依村蜿蜒而过的内洞溪流水潺潺,清澈见底。村庄内,40 余座土房围绕一座建于明末清初的土楼"吴彩楼"呈辐射状散开。干净的道路,宽阔的村民活动广场,"前卫"的太阳能路灯,曲折的鹅卵石小道……这一切,让人很难想象到这里曾经是一个四处杂草丛生,污水横流,蚊虫肆虐的落后村庄。而这个村庄的蜕变,与"第一书记"林长华的努力付出是分不开的。

选择·初至："我还年轻，想做一点实在的事"

2014 年 4 月，怀着"我还年轻，想做一点实在的事"的想法，经过自主报名和组织推荐，林长华从厦门海关被派至漳州市云霄县和平乡内洞村担任党支部第一书记。从繁华的厦门到偏远的山村，从车水马龙的大城市到偏居一隅的小山村，从海关执法岗位到农村扶贫开发，154.2 公里的距离，驱车需两三个小时才能抵达这个在莽莽乌山中的村落。

下乡扶贫，本就意味着与艰苦相伴。虽有所预料，然而，初至内洞村，当地脏乱差的环境景象还是让林长华惊讶不已。"当我车一停下，就有无数的蚊子苍蝇围过来，根本就没想到会脏成这样"，林长华如是说。房前屋后、道路两旁四处堆满着生活垃圾；旱厕、猪圈、鸡舍四散分布，污水肆意流淌；臭水沟里更是杂草丛生、蚊蝇乱飞。摆在林长华面前的是赫然是一幅"污水多、垃圾多、蚊虫多、乱石多、违建多"的景象。

除了糟糕的环境，更让林长华感到心凉的是村民的态度，"驻村之初，几乎每到一户人家，看家护院的狗都对我狂吠，村民抬起头，也只是漠然看我一眼，基本上都是不理你的"。在中国传统乡村文化中，血缘和地缘关系是两大极其重要的纽带，因此村民不会轻易接受外来人员。"村民们都认为我这个从厦门来的'干部'是来镀镀金，走走形式的，都刻意和我保持一定的距离，每次上门了解情况，寒暄两句就沉默不语了"，村民的态度让林长华倍感无奈，无形的压力笼罩着这个来自繁华城市的"第一书记"。

驻村的第一个夜晚，林长华躺在村部狭小的床上，辗转反侧，彻夜难眠。"要做什么？能做什么？怎么做好？"这些问题一直萦绕在他的脑海之中。"难道就因为这些恶劣艰苦的环境，我就要打退堂鼓了吗？难道我这么远来到这里也要混个两三年然后回去吗"，林长华默默地在心里质问自己，"不"，他的内心是坚定的回答。也是从那时起，林长华暗暗对自己说，"既然主动选择了驻村扶贫，就一定要为内洞村做些好事、实事。"

行动·坚持:"不知苦中苦,哪得甜上甜"

　　如何才能改变内洞村的现状? 结合内洞村的实际情况和长远的发展,林长华提出了"村庄整洁化,农业现代化,旅游产业化"的发展规划。但是,这一切规划都建立在有充足资金的基础之上。而内洞村是个零财政村,村里的账上没有一分钱,钱从哪里来? 在研读了相关政策之后,林长华意识到,要有钱,就必须要有项目。于是,项目申请成了他驻村前期最主要的工作。

　　驻村之初,林长华敏锐发现,内洞村虽然有脏乱差的一面,但是也有着极富闽南特色的古民居群,高低错落的溪涧瀑布,清澈见底的溪流,郁郁葱葱的原始森林;而这些,都是不可多得的好资源。于是,拿着精心准备的项目申报书,林长华奔波于县里、市里、省里甚至千里之外的北京,不厌其烦地一遍遍陈述内洞村的发展规划。路途的奔波在项目申报的过程中并不算什么难事,难的是说服对方,很多时候对方接过报告书后就再无下文。而在这个过程中,白眼和冷漠,林长华自然也遭到不少。"这两年多的驻村工作,让我的脸皮也是厚了不少",林长华笑着,如此描述自己,"但是,不管怎样,只要能争取一些钱来,即使是为村里多安装一盏路灯,村民都会很高兴,我也会很高兴"。

　　有了项目,摆在林长华面前的第二个难题就是如何说服村民,拉近和村民的距离。在一开始进行全村环境综合整治,拆除猪圈、鸡舍、旱厕等违建时,村民特别不理解,也根本不配合。"刚开始那阵子,下午项目就要开始建设,上午还有村民过来把工具扔掉,把材料偷走,各种阻挠,什么事都有",为了做思想工作,林长华带着村干部全部出动,挨家挨户宣传,群众去劳作了,他们就跑到田间地头;白天找不到人,晚上就蹲在对方家门口等,经常和群众聊到夜里10点后,看人家困了烦了才深一脚浅一脚回宿舍。彼时恰逢林长华的父亲因为前列腺疾病在福州住院做手术,林长华陪护两天后又匆匆赶回村里。四处奔波,使得林长华在短短两个月里,瘦了整整一圈。

　　"要让村民信任你,你就必须要让村民看到你在为他们做实事,而不是来走走过场的"，于是，几大车的垃圾从村里被载走，2.5 公里长出入村庄需经过的泥泞的山路被硬实的水泥地取代，一盏盏太阳能路灯在黑夜中照亮这座村庄……在林长华的领导下，内洞村的垃圾没了，杂草没了，污水没了；取而代之的是宽阔平整的村民活动广场，是优雅别致的"村民公园"，是兼具观赏性与实用性的污水处理池，是具有现代设计感的冲水公厕……孩子们终于可以坐在整齐亮堂的新教室中上课，老人们可以在宽阔的二层小楼里泡茶聊天，用先进的体育器材锻炼身体。"只要你把心沉在这里，你就真的可以在这里做很多事"，林长华用行动和真诚打动内洞村村民，践行了为村民做实事，做好事的承诺，"改革发展的成果要共享，内洞村的村民们也不应因为地处偏远就享受不到时代进步的成果"。

成果·未来："虽有风雨更有晴"

"阿弟啊，你等一下来家里吃饭啊"，如今，每当林长华走在村里，村民都会热情地和他打着招呼，放下手中的活，拉他泡泡茶、聊聊收成。此时，林长华的心里都会感到甘甜而快乐。两年多的时间下来，林长华黑了瘦了，连难懂的闽南语都学会不少，但他却觉得自己的这些付出十分值得。

"有什么问题你要和我说啊，我会帮忙解决的"，林长华总是这样和村民说。如今的内洞村村民，对这位"第一书记"充满了信任和感激。村民们在知道林长华本科时学习的是法律专业后，在遇到招工用工，合同纠纷，打官司等问题时，也会主动寻求他的帮助。"法律背景与法学思维是我驻村扶贫的优势之一，村民们遇到法律上的问题，我也会尽自己最大的努力去帮助他们解决。"谈及法大的学习生活时，林长华认为，法大的学生不论到哪里，都可以发挥自己的作用。在他的言辞之中充满了对母校的自豪之情，厚德明法格物致公，这八字校训林长华一直铭记于心。的确，林长华做出下乡扶贫的选择，不正是其践行"格物"与"致公"的体现吗？

为了让内洞村有更好的发展，林长华努力说服了许多外迁经济能人回村创业,内洞村从此不再死气沉沉,年轻人的身影开始出现并忙碌于内洞村美丽的景色之中。梦达农民专业合作社就是其中之一。内洞村致力于乡村旅游,而梦达合作社就是吴建杉等青年人在林长华的鼓励与劝说下成立的。合作社的经营范围涵盖了养鸡场、鱼塘、枇杷采摘园、农家乐饭店等,直接带动村内五十多个农户家庭鼓起腰包。正如村里"梦达农民专业合作社"这个名字一样,发展乡村旅游的梦想一定会达到,村民的致富梦想也一定会实现,林长华对未来信心满满。

如今的内洞村,在福建省周边已经小有名气。内洞村更是获得了"国家旅游扶贫试点村"、"福建省美丽乡村"、"特色景观旅游名村"等荣誉。越来越多的游客从厦门、潮汕等地来到内洞村游玩。游客们在内洞村优美的自然景色中放松身心,而村民们通过售卖蜂蜜、枇杷、香蕉等农副产品,经济收入得到显著提高。内洞村,终于不再是那个地处大山深处、环境差、村民穷而无人问津的落后山村了。

中组部副部长姜信治、福建省人大常委会副主任潘征等领导到内洞村调研时,对内洞村的扶贫开发成效给予了高度肯定,《中国扶贫》《滴水缘》以及福建省市电视台多次报道了内洞村的扶贫开发成果。

"生命就像是一次旅程,沿途有不同的风景,很多东西是不期而遇的。三年的驻村扶贫,虽有风雨更有晴。能参与到国家扶贫开发这项伟大的事业,这三年的风景,于我人生而言倍感独特",林长华如此感叹道。山"内"好世界,"洞"里有乾坤。"第一书记"林长华与内洞村的故事,还在继续……

马新明：寄情雪域高原　让阳光与幸福同行

文/中国政法大学新闻中心

人物简介：马新明，中国政法大学1995届本科毕业生，2010年马新明与孙伶伶夫妇主动请缨援藏，成为了第一对拥有海外访学经历、并且两届援藏的博士夫妻。进藏4年间，马新明先后分管过拉萨市的交通、旅游、教育、民政等20多项工作，他扎实工作，不辱使命，以实际行动造福当地人民。

四年前，我校校友、援藏干部马新明与孙伶伶夫妇相约奔赴西藏拉萨。为了事业，在首次援藏结束之后，他们又再次留了下来，用自己的行动续写了一段雪域高原情。国家对口援藏20年，在这背后，正是有着像马新明夫妇这样的一批批援藏干部无怨无悔的付出，才使得我国援藏工作效果显著。

九月的拉萨，夜晚有些许寒意。凌晨一点半，为了准备当日一项工作文件，马新明忍着痛风发作的腿疼，一手拿着文件，一手指着电脑屏幕比划。妻子孙伶伶坐在身边，跟随着丈夫的指点，不停地在键盘上敲字修改。

作为两届北京援藏干部，在藏四年多来，马新明夫妇几乎从未在夜里2点前入睡。长期繁重的工作加之高原反应，让刚过不惑之年的两人更显沧桑。工作上的相互扶持，生活中的相濡以沫，也让这对援藏夫妻在环境艰苦的雪域高原上被传为佳话。

求学经历艰辛　常怀感恩之心

马新明出生在云南丽江一个贫困的彝族家庭,他是靠着从未谋面的社会爱心人士的资助,才得以完成学业的。家庭的贫寒,让马新明从小就尝遍了求学的辛酸与不易。为了供马新明上学,不光自己家里人省吃俭用,连村寨里的乡亲们都帮他家里干农活,并省出买盐巴的钱资助他。即使如此,他在上中学时还经常吃不饱饭,常常在饭堂里等人们都吃完饭后去央求打饭的纳西族老妈妈"赊"一碗饭给自己,等有钱时再还,或者在饭堂里帮忙干活换一点吃的。

1991年9月—1995年7月,马新明在中国政法大学学习。在法大学习期间,他始终牢记上学的不易,在大学时代一个人打几份工,赚来的钱资助弟弟和家乡需要帮助的孩子上学。

马新明是中国政法大学校报记者团的第一任学生团长,据时任中国政法大学校报编辑部主编的徐德山老师回忆,马新明在校期间勤奋刻苦,在老师眼中是懂事可爱的孩子,在同学心中是值得学习的榜样。"这孩子上进,有理想,能吃苦。在学校参加长跑队,意志力很强,干什么事情都能坚持到底。"徐德山记忆犹新,"云南彝族的孩子,品质上非常的诚实朴素。在我们校报编辑部做学生团长时,相当有凝聚力,善于团结同学。文笔也不错,帮我们做校对工作时特细致、不浮躁,年轻人少见那么有耐性的。""他话不多,属于沉稳内敛型的,但是说话很有分寸,有正义感。"徐德山笑道,"以前工作之余常和他聊天,他是享受资助的学生,言谈中时常流露出要回报国家的决心,所以他学习也特别用功。"

与妻子孙伶伶在法大相识结缘

马新明与爱人孙伶伶本科期间一同就读于中国政法大学,相识于法大田径队。

孙伶伶是中国社会科学院日本研究所研究人员,北京大学法学博士,作为第六批援藏干部,她满怀激情来到西藏社科院编辑部担任副主任,主要承担全国核心期刊《西藏研究》汉文版编辑、英文版创刊及科研工作。三年援藏期满后,她主动申请继续援藏,留任西藏社科院当代西藏研究所副所长,主要承担西藏重大理论和现实问题相关研究。

早年深埋援藏情结　伉俪寄情雪域高原

2005 年,当马新明第一次从北京来到西藏时,这片高天厚土让他流连忘返。当时他就对朋友说:"有朝一日,我一定会来西藏工作。"自此,马新明心中深深地埋下了"西藏情结"。

正因为这份跨越三千多公里的缘与爱,2010 年 7 月,时任北京市委宣传部机关党委副书记、基层处处长的马新明与孙伶伶主动请缨援藏。成了第一对拥有海外访学经历、并且两届援藏的博士夫妻。他们和援藏干部一道,让拉萨的格桑花绽放得更鲜艳。

进藏四年间,马新明先后分管过拉萨市的交通、旅游、教育、民政等 20 多项工作。为让农牧民搬进安居房,马新明四处奔波,从设计、备料、施工到验收都亲力亲为;发生鼠疫,他火速奔赴现场,连夜组织救援……在急难险重中,马新明总会第一时间到达现场,从不退缩推卸责任。

四年间,孙伶伶联系爱心人士,为边远地区学校捐赠了价值数百万元的物品。同时,先后完成国家社科基金课题两项、个人主持课题三项,参与国家级及有关部门委托课题九项,发表成果论文近百万字。不仅如此,她还注重当地团队培养,带动了一批年轻科研人才的成长。

四年来,他们视拉萨为第二故乡,扎实工作、不断进取,不辱使命、历练人生,以实际行动造福当地人民。

痛风坚持工作拄断拐杖　对艰苦环境一笑而过

拉萨海拔 3650 米，是世界上海拔最高的城市之一，很多人到此一游都缺乏勇气，更何况工作数年。

这对相识于大学田径队的夫妻，原本身体素质很好。但在高原生活工作数年，血压偏高、睡眠不好、记忆下降等问题陆续开始找上门来。再加上长期出不了汗、工作节奏快等原因，西藏血尿酸偏高人群比例很大，其后果就是痛风。在北京几乎没去过医院的马新明，来到西藏不久就患上了痛风，孙伶伶更是因高原反应患上了溃疡性结肠炎。

每到公务特别繁忙时，马新明的痛风就会发作，加之滑膜炎，整个右腿膝盖肿得不敢着地。马新明的贴身秘书闫伟说，为了不耽误工作，马新明拄着拐杖外出处理公务，"曾亲眼看到马书记把拐拄断了，当时我眼泪在打转，但是我没说，因为书记拼命三郎的工作态度，说了也不会听。"

"援藏干部哪个能离开药瓶子？我们没那么娇气。"强忍高原反应，他们照旧奔走不停。这对温文尔雅的学者夫妻有着一股子韧劲儿，一猛子在拉萨扎下了根。

面对工作和生活中的艰辛，孙伶伶一笑而过，"相比在那曲、阿里海拔更高条件更艰苦地区的援藏干部，我们幸福得多，那些干部们来拉萨都会开玩笑说是来吸氧的。"

面对全国多家媒体的采访报道，孙伶伶显得有些受宠若惊，她说相比那些多年远离家人坚守在此的干部，他和丈夫不过是做本职工作而已。

工作不放过任何细节　重视藏区文化教育事业

2010 年 7 月援藏以来，马新明先后担任拉萨市副市长、市委宣传部长、市委副书记，兼任北京援藏指挥部指挥、党委书记，分管过科、教、文、卫、民政、双拥、北京援藏等 20 多项工作。

或许是受到儿时境遇的影响，来藏后，马新明尤其重视教育与文化的建设。

拉萨群众文体中心、德吉罗布儿童乐园、牦牛博物馆、拉萨广播电视中心、拉萨北京实验中学……一个个北京援建的项目在拉萨拔地而起，成为这座圣城美丽的风景线。20 年来，北京投入资金 28 亿元，援建 200 多个项目，改善了农牧民的生产生活条件，也在雪域高原树起一座座民族团结的丰碑。

说起这些，马新明很骄傲。

17 年坚持援助贫困生

1997 年，在北大读研的马新明、孙伶伶和几位同窗好友共同创立了"未名奖（助）学金"，把大家的力量汇聚在一起。17 年来，他们坚持每年为孩子们送去关爱，从未中断，先后资助了 5000 多名贫困学生，捐赠数百万元的电脑、图书和物品。资助对象不仅有云南、四川等边远山区的学生，还有北京的外来务工子弟学校、在京学习的来自全国各省市的少数民族大学生。

2011 年，马新明、孙伶伶发起了为西藏高海拔农牧区孩子们捐赠冬衣的"温暖行动"，与北京各界爱心人士为当雄、尼木、林周县的 10 余所学校捐赠冬衣 3000 余套。2012 年，他们通过未名基金平台，联系中国航空报社等单位为拉萨市中小学捐赠 20 余万元的电脑和图书；他们还协调北京市的一些出版集团为拉萨市农家书屋捐赠了价值 360 余万元的图书……在这些平淡的数字背后，是马新明和孙伶伶无数的奔波。马新明常有这些帮助人的好主意，而孙伶伶最具执行力。每次都是马新明提议，然后孙伶伶开始奔走各处，到处"化缘"，选购图书、棉衣，找卡车谈价格，跟车颠簸把东西送到乡村和孩子们手中。

团结民族大家庭　让阳光与幸福同行

马新明、孙伶伶还在西藏结交了很多"亲戚"。林周县阿朗乡阿布村有他们2011年秋天最先"认"的两家亲戚,之后他们又在尼木县尚日村、堆龙德庆县东嘎村等地认了许多家亲戚,每逢过年过节,他们都会去"走亲戚"。堆龙德庆县东嘎村其美家和卓嘎家是他们今年新结识的亲戚。藏历新年、端午节,他们都要带着米面油等生活必需品,来到"亲戚"家里,帮助生病的老人联系医院,为上大学的孩子提供学费,解决实际困难。前不久,两个结对家庭在外上学的孩子回来过暑假,马新明、孙伶伶又邀请两家人到家里做客,大家跳舞、唱歌,其乐融融的景象宛如一家。

其实,马新明、孙伶伶在北京的家也早成了他们资助的各民族贫困大学生的大家庭。只要有机会,这些来自祖国各地的彝族、布依族、拉祜族、纳西族、藏族学生们就会聚在他们家里,吃饭,谈心,有时能歌善舞的孙伶伶还会给大家唱几首在拉萨学到的藏语歌,常常博得满屋的掌声……

"帮助别人实现梦想是件幸福的事,这些年我们付出了一些,但收获得更多,我们收获了友谊、收获了爱心、收获了幸福……"马新明、孙伶伶笑着对记者说。满足的笑容让人想起了《文成公主》剧中的歌词:"天下没有远方,人间都是故乡,有爱就是天堂。"马新明、孙伶伶就是用爱去帮助别人,用爱在构筑天堂。

马新明与孙伶伶,他们播撒的是阳光,收获的是幸福。

我们无法延长生命的长度,却可以把握它的宽度和厚度。多年的援藏经历,使马新明、孙伶伶夫妇不仅为边疆民族地区的经济发展、民生改善、社会稳定做出了自己的贡献,也让自己的生命变得更加多彩和厚重。

（本文根据《京华时报》、《北京日报》、《法制晚报》、《西藏日报》所刊文章整理编辑）

施兆军：学法四年孜孜不已 恪尽职守孳孳不息

文/韦茜文

人物简介：施兆军，男，34岁，2004年毕业于中国政法大学，2004年在北京伟拓律师事务所工作，2005—2008年在射阳县初级人民法院工作，2008年至今在盐城市中级人民法院工作。负责设计《超越——盐城法院科学发展纪实》等10本专题画册和《流金岁月——盐城中院纪念建院70周年主题邮册》，主持部署安装的布谷鸟内网通讯办公系统为在线办公提供便利。

一进入盐城市中级人民法院办公区，就有一种肃穆感扑面而来。我紧跟着书记员的脚步从电梯里出来，径直向1331号办公室走去。开门，交接任务的谈话声伴着周围键盘滴答滴答均匀有力的按键声，一旁的座椅上是等候回应的工作人员。施兆军一手握着电话，抬头看到我，略带歉意。我忙点头，在一旁椅子上坐下静静等候。

这只是一年365天中普普通通的一天，用施兆军的话说，不太忙碌的一天。"办案子也忙，但好在时间相对固定，在这里事情更冗杂些"，他结完手头的事，抬头微笑道。

结缘政法，四年锤炼始成才

出身农村的施兆军，从小学习就格外刻苦，在县城的高中三年，懵懂的他只知道全心全意投入学习。进入大学见到那么多人,那么多事,眼界一下就开阔了。施兆军曾在宪法大道上为法学会宣传挥汗如雨,也曾在众多名师的讲座上深有所悟,难得闲暇时,他就在法渊一隅,如饥似渴地翻阅各类书籍。他历数自己在法大的四年里,遇到的无数好老师,尤其提到鄢一美老师时,他说,鄢老师的民总讲得真好,当年的民总笔记我到现在还保存在家里。学生时代的勤勉与钻研为施兆军的工作打下了坚实的理论基础。

政法老师一身正气的风骨、时刻保持独立思考的个性和亲切宽和的品质深深地影响了施兆军。他仍记得张守东老师在法制史的课堂上旁征博引,谈论历史事件时诙谐幽默的评价和引人深思的观点。在政法四年的熏陶下,让他成为一个独立、公正却不失亲和力的法律人。工作这么多年,施兆军仍然爱读书看报,在补充能量的同时,也形成自己对社会热点的独立看法。他厌恶社会上的官僚气,认为人和人都是平等的,都应该受到尊重和关爱。所以无论在工作,还是生活中,他都真诚、热情地对待每一个人。当事人来寻求帮助,他不厌其烦地连打几个电话,一遍遍帮忙确认事宜。没办法立刻回复的,他在送走时还要加一句一有消息就通知您;对年轻的书记员,他放心交托任务,言语之间都是肯定和鼓励;同事工作失意,一时解不开,来找他诉苦,尽管任务繁忙,他还是放下手中的事,耐心听同事讲完,体贴地开导。

倾力付出,十年一日不懈怠

自工作以来,施兆军转战一线法庭、办公室、宣传处、行装处等多个部门,成为一名办得准案件,写得好宣传,修得美照片,编得了程序的"多面手"。

最初在宣传处工作,为了制作出生动精美的画册,他夜以继日,啃下一本本厚如砖块的图文处理设计教材,求教许多身边的专业人士,不断提高自己处理图片的技巧。《超越——盐城法院科学发展纪实》等十本专题画册、《流金岁月——盐城中院纪念建院 70 周年主题邮册》相继出炉,媲美专业设计的成果获得了大家的一致称赞。

后来，一到行政装备处工作，他更是发挥了"技术控"的"专劲"，安装内网报修平台，及时响应全院干警终端报修，尽力保证全院的设备运行良好。在办公室工作时，他为了减轻办公室工作人员的负担，减少重复劳动，自行编译安装的布谷鸟内网通讯办公系统，成为他推进在线办公的"力作"之一，内网在线即时通讯、文件传输、重要文档自动备份，在保障信息安全的同时大大提升了办公效率。

现在，虽在综合部门，有审判资格的他每年仍然负责审理一些案件。由于有着良好的民法基础，他这几年办了大量的民事案件，工作中会遇到些较为棘手的案子，但他件件都处理妥帖。办案期间，他常常翻阅各种法条，阅读相关的理论书籍，与当事人沟通调解，在实践中学习成长、积累经验，同时也保持了不错的办案基数，甚至超过很多专职审判员。

适用与否是他处理工作的思维，他性格较为保守，法律思维的训练更让他格外理性务实。只要是本职工作，对于他来说找准思路，就一头扎进去做事，很少在意评价得失。所以工作这么多年，无论任务大小，他都一丝不苟地完成，因此领导也放心把部门托付给他，也信任他能够完成一个个艰巨的项目。虽然说现在负责的信息化建设表面上看起来与当初学习的法学知识没什么关联，但实质上每个规划、合同、建设都离不开法律的思维。他笑言，政法四年学的知识，让他一生受用不尽。

工作之外他爱读书，读书杂。说话间顺他目光看去，身后的书架里的书籍的确种类繁多，从法学、技术、文学、哲学到各种杂志期刊，书架旁的角落里也摞了两堆杂志。工作繁忙，但有空时他还是爱看书。半是兴趣，半是工作需要。院里的信息化建设都是大项目的投资，一两千万的项目交付下来，肩上的重担可想而知。为了确保项目质量，他要学习所有的技术知识，亲自浏览每一份文件，此刻电脑上密密麻麻的、看上去与当初在学校学习的知识没半点关系的参数，都是一点一滴的心血。为工作需要，接触新事物，学习新的知识成了他的长项。通常一个大项目耗时一年多，每天绞尽脑汁克服新的难题外还要处理日常工作，加班加点都是常事。但是他身上那种法律人吃苦耐劳，不轻易放弃的精神让他在面对每一天的工作时都斗志昂扬。十多年的时间轻瞬即逝,他已经不是当年那个懵懂考上公务员,不知下一步该如何走的青年。一路上跌跌撞撞前进,他在磨练中成长,成熟。

步伐坚定,热爱家乡不忘本

在工作中,他是一个多面手,在生活中他也是一个好父亲。当初因为工作需要,他学起了摄影,有兴趣加上小时候学过绘画,底子好,所以上手很快。之后不仅有工作中硕果累累,做出了一批又一批精美的主题画册,保证高质量的新闻图片,在生活中也一发不可收拾:拍女儿,拍生活,拍风景……他的微博上是大量构图精巧,充满生机的照片。他在家里搭简易摄影棚,用相机记录下对女儿深沉的爱意,女儿在学校参加活动,老师都让她请爸爸来给大家拍几张。清晨,傍晚,雨后……一组一组图片是对家乡满满的热爱与感激之情。在一则微博中他说:"你眼中的世界有多美,你拍出来的照片就有多美。"平时空闲时,他也爱练练书法,正是因为对生活充满感恩和热爱之情,他才能将工作与生活结合,把别人眼中烦累的生活过得有声有色。

在社区成立关爱服务总站后,作为司法工作者的他也成为其中一员。他们关爱问题少年,帮他们重新树立信心。外来务工人员小侯今年 21 岁,因为盗窃罪已经"二进宫"了。小侯长期缺乏父母关爱,他经常进行帮教,也常去监狱看望他。用社区工作人员的话说:"施兆军比小侯父母还关心他。"自己的孩子别人的孩子都是孩子,都需要关爱和呵护,他相信真诚的关心和引导才是带领他们重归正途的方法。当初满怀着希望留在这片土地,他也曾受过揶揄,但是他从来没有放弃,他希望这里可以变得更加美好。

司法改革措施推行下来,法官数额有限定比例,身为综合部门负责人的他虽有审判资格,暂时也不能审理案件了。但是他表明自己现在的首要任务就是担负起责任,建设好综合部门,解除办案一线的后顾之忧,尽自己的能力为广大的人民群众做贡献。在这个部门待了六七年,他的内心是对它充满感情和使命感的。进入体制内,就要学会奉献,而不是一味地考虑自己。他始终相信对自己的人生最好的规划是做好每一天的工作,发挥自己的主观能动性。一天下来,辛苦无所谓,重要的是问心无愧。对年轻人法律工作人员的未来他也非常乐观,他相信只要认真工作,就不必悲观。四年系统的法学训练、民商院的人文熏陶、老师的教诲和期望……这些都是他一路前行的动力源泉。

魏巍：守望昆仑　大音若希

文/郭晔　骆红维

人物简介：魏巍，男，2009年本科毕业于中国政法大学，是学校第一届毕业国防生。曾参与全军重大科研项目，项目成果获得全军科研奖。

"我只是万千普通法大人中的一个，也是万千普通武警官兵中的一员，我所做的，都是我应该做的，而且我必须得做好。"2009年初夏的本科生毕业典礼上，主持人专门介绍到了我校第一届毕业国防生，即将奔赴柴达木盆地的魏巍就在其中。数年间，在落日孤烟的茫茫戈壁，在袖珍年轻的高原新城，在巍峨雄伟的昆仑山脚，他延续着法大人的传承，在平凡的岗位上坚守着法大给予他的"不会变的理想"。

"祖国知道我在这里"

2010年5月，解放军报发表了一篇散文"凝望昆仑山"，文中一位地处青藏高原，初入伍的大学生面对着昆仑山，不停追问自己，"从首都的繁华到戈壁的荒凉，从天之骄子到普通一兵，从象牙塔尖到基层最底"，这其中的意义是什么。

2009年7月初，魏巍拿着一纸命令，从北京一路西行到西宁。稍事休整，在武警青海总队换了命令,又马不停蹄地赶到了格尔木。他形容,眼看着"窗外的景色从翠绿色的麦田,转换成青山溪流,终于演变成满眼望去,光秃秃的戈壁滩"。而他自己,容不得多看看几眼这座城市,就立即被角色的剧烈变化折腾得精力憔悴。

"2009 年 7 月 5 日刚到格尔木,刚一报到,晚上部队去出任务去了。领导们都奔赴一线了。以前熙熙攘攘的营区,突然间,就空荡荡的剩下了我在内的几个干部。还没学会当兵,就要开始管理整个连队了。"接下来的两个月,魏巍绞尽脑汁把以前小说电视里学到的、国防生培训中教给的部队管理知识,硬生生地往实践中套。较真碰了壁,战士顶了嘴,上级骂了个劈头盖脸,都是常有的事。

"最苦的还是高原生活和军事训练。"格尔木地处柴达木盆地南缘,地下水盐碱度偏高,海拔高达 2800 米。魏巍形容自己是跑步跑不动,睡觉睡不醒,半夜流鼻血弄得胸前红了一片。一个五公里跑下来,啐一口唾沫都是血丝。开水烧不开,水里还泛着苏打味,吃上几回硬茬茬的方便面胃痛就犯了,还跑了回医院。时不时刮起了沙尘暴,屋里屋外都是尘土飞扬,这胜景让魏巍记忆犹新。

其实还有更苦的事情,魏巍却一语带过,不愿多提。在军事素质和部队管理经验上,与部队生长干部相比存在明显不足的他,要用自己的身体力行去适应本职岗位,去证明自己。更重要的是,远在偏远的高原新城的他,怎样去处理好理想和现实之间,这巨大的不适应。

"凝望昆仑山"一文中,那名入伍大学生从身边无数默默奉献着的部队基层干部中,找到了坚守岗位最朴素的精神动力。文中一位 30 年的老团长在高原突发心脏病,抢救苏醒后面对着埋怨他的家人,说自己的付出不是没有价值,"祖国会知道,部队会知道"。而这篇文章的作者就是魏巍。

"那一霎那被震撼了"

2010 年 4 月 14 日,玉树地震的消息传到魏巍耳中,他还在武警呼和浩特指挥学院参加培训。"知道我们支队已经到玉树展开救援了,就盼着培训早些结束,自己也去参加抗震救灾。"

那时的魏巍,正在参与全军重大科研项目的调研中。"项目就是针对国防生任职培训的,指导部队更好地利用培训,全面提高国防生的素质,解决好与国防生基层任职相关的实际问题,让我们在内的国防生尽快适应部队任职,别因为学校和部队的对接不畅,造成人才的浪费。"被遴选进科研项目小组中,魏巍感到很荣幸。"作为国防生,我对于国防生心态的把握更有发言权,对我们自己的需求指向性也更明确,这可能是我入选的原因。"

为此,他全心全意地投入到了基层调研、资料搜集和材料撰写中去。经历了近 9 个月的努力,他们先后深入 5 省区近 20 余个基层部队,3 所担负武警国防生任职培训的院校,12 所培养武警国防生的地方大学,并同各相关部门领导、各军事研究单位调研座谈数十次,最终项目成果获得全军科研奖,也成为了各武警学院组织国防生任职培训的重要指导文献。

7 月底,项目攻关涉及魏巍的部分刚刚结束,他就迅速赶回了部队。"那时部队两线作战,赶往玉树的分队继续投入到震区清墟和重建工作中去,留守格尔木的分队又参加到温泉水库的抗洪抢险任务中去了,我所在的中队在玉树。"

魏巍说他至今忘不了到达玉树当天的情形。"到处都是东倒西歪的危楼,藏族老乡原本的自建房全部坍塌,河边草甸和山间缓坡,密密麻麻地支起的蓝色救灾帐篷,碧蓝色'海洋'中一抹橄榄绿,就是部队的野战营区。"更让他难忘的是当他询问起地震初发后救援情况时,中队同事给他看相机的照片。"三张照片震撼了我,一张是废墟下罹难的孩子,一张是因工具不足用双手扒开瓦砾的战士血淋淋的双手,另一张就是藏族老大妈满含泪水感谢我们。"魏巍动情地说道,"也只有在那个时候,你才明白你的工作是如此伟大,因为真真切切是在拯救生命。"

魏巍所在中队参加的后期重建工作主要是守卫玉树州粮食库、清墟和搭建救灾防寒帐篷。"既然抗震救灾,我没参加上,后面的任务就要更努力。"所在中队应粮食库要求,支援救灾口粮的灌装分发任务。在密闭的粮食库内进行储备粮除杂、灌装,细尘飞扬,很容易造成呼吸道感染,甚至引发高原肺气肿等病症。可面对任务,谁也没叫苦,一个星期"两班倒"作业,创造了完成846吨青稞口粮的灌装任务的记录。

"为了法大人的理想坚持着"

魏巍说,是法大塑造了他的人生观和价值观,法大给予了他对于世界的期望,对于美好的认识。"拿最简单的道理来讲吧,在指挥学院培训时,近12所大学的毕业国防生一起,但是'刺头'就是法大的。我们对管理中的问题不容忍,对院校的官僚形式不合作,对认为正确的事情太过坚持。有人说这是幼稚,我们认为则不然。"

2010年底,魏巍所在部队从玉树返回格尔木,随即格尔木爆发了玉石矿区的大规模盗抢玉石原料事件。魏巍带领3名战士协同公安干警在市区通往矿区的道路上设置了临时检查点,一待就是一个月。"整个检查点就4个武警、4个公安、3个公路检查站的工作人员,方圆十多公里荒无人烟。买个零食都要搭过路车。"吃饭是公安干警轮流做饭,住是公路检查站曾经的会议室。人手紧任务重,所有人员昼夜排班,三班倒不休息。魏巍说:"孤独,待久了真孤独。"

也就是在那个时间段,魏巍说他也经历了生死一瞬。"情况通报检查站前方有可疑分子企图翻越路旁矮山绕卡,我同另一民警搭乘出租车化装侦察。近距离发现嫌犯后,因为没经验,没有搜身就让他坐在后排我和民警之间,也没铐住。下车后发现他偷偷将一把15公分长的匕首留在车内。那一刻真是冷汗一身,也长了记性。"

魏巍说,这些其实不算什么。法大国防生毕业四届以来,在全国各地星罗棋布。有的在特勤中队,参与过查缉毒品,追缉毒贩;有的在新疆和藏区部队,直接参与了处置大规模暴力事件;有的在震区和灾区,参与了抗震救灾和抢险救灾。"同学们不曾想到,时时刻刻都有我们的国防生在面临危险。我们培训的时候就听过长安大学国防生说他们师兄牺牲的事情。"魏巍说。

2011年4月，作为支队政治处干事，为了给支队处置大规模盗抢玉石事件拍摄新闻宣传片，魏巍第一次登上了玉石矿区所在地，昆仑山脉的一座山峰。他说，也正是在那次，从军一年多后，他才真正细细端详了雄伟壮阔的昆仑山，站在海拔4500多米的山巅，他才谈得上明白了坚守的意义。

2012年60周年校庆前，魏巍为校庆征文写了篇文章，里面有这样一段话。"一瞬间我仿佛明白了很多。课堂上讲到的'正义公平''博爱理性'，在我的那些师长同学们一次次呐喊中无限接近。远在祖国各地的他们想必也是在默默地坚持着，为了法大人的理想坚持着。这份坚持也为之不易。而我们，法大国防生们所做的，也是一样。在大厦倾覆时，在洪魔肆虐时，在罪恶滔天时，我们要用我们的鲜血和生命捍卫它，捍卫人民群众的生命和财产安全。神圣不可侵犯的保护，于我们，于他们，都是法大人的宿命，也是我们的追求和理想。"

如今，魏巍已经返回学校攻读硕士研究生。他坦言，现阶段，国防生的培养是一方面问题，更多是合理使用和激励成长的问题。提升部队整体战斗力需要更多高素质的军事人才，这更需要部队对人才评价标准的全面革新。国防生若是不能在理论和实践之间来回反复，若是单单满足于去适应部队，那么国防生的培养就不能说是成功的。部队最需要的也是理性的批评者和勇敢的建设者。"回到学校，是把基层了解到的亟须解决的问题带来，不期望能够找到完美的答案，但若不投入进去思考，不去求索，便就错失了进取的勇气。那就是向现实妥协。但你知道，法大人是只向真理低头的。"

又是一个毕业季，新一批国防生又要启程奔赴部队基层，去实践自己的誓言了。他们会像魏巍一样，默默地坚守在万家灯火旁，坚守着"神圣不可侵犯的保护"。这也许就是法大国防生的"法治中国梦"。

水红东:做基层法治建设的一缕阳光

文/俞奕婷

人物简介:水红东,男,35岁,2008年毕业于中国政法大学,先后在浙江省宁波市江东区人民法院立案庭与民二庭工作。自法大毕业后,在基层法院工作的八年多里,他在工作岗位上兢兢业业、踏实勤奋,办案数量与质量名列前茅,被授予了"宁波市政法综治系统办案能手"和"江东区十佳办案能手"等称号,他撰写的法学论文多次发表于《宁波审判研究》《法制与社会》等刊物。

"你看这是我的未结案,有88件,不算很多,咱们全院现在有2000多个未结案件,有的审判员有一百多件未结案。"在宁波市江东区人民法院,水红东存放案卷的柜子和桌子上堆满了各种标有序号的卷宗,坐在桌前向四周看的话,仿佛快要被满眼的卷宗淹没了,让人不由得产生了压力。案件数量非常多,案情琐碎,工作压力可想而知。即便如此,要随时记挂着近百件未结案,看着这些堆积如山的卷宗,水红东的眼里仍然没有透出半点抱怨和懈怠,他依然抱着一颗平和踏实的心,认真地对待每一个案子,既快速又高质量地结案。他的眉宇间凝神聚气,透露出坚定的力量,那是一种法律人的坚持。

两千九百二十多个日夜,用温暖打开当事人的心扉

在基层法院工作虽然也会遇到标的非常大的案子,但大多数时候遇到的

还是老百姓生活中琐碎的纠纷,尤其是水红东所在的民庭,处理经济案子比较多,但是许多都是欠债不还或是诸如此类的案件。它们说小很小,说大又很大,处理不好很容易引发更大的纠纷。这些案件的法律关系一般都比较简单,但是涉及到许多生活中琐碎的问题,当事人有时脾气也比较急,不容易沟通。这种时候不能一味地死扣法条,有时候甚至没有什么可以适用的法条,就要用智慧来化解当事人之间的矛盾。水红东笑着说:"多站在当事人的立场上想想,也让当事人觉得你确实在为他着想,给当事人讲道理,使他对判决心服口服。其实这样子做,工作就简单了很多嘛,省去了很多不必要的麻烦。"他在审判工作中希望自己能够打开当事人的心扉。

在审判过程中会遇到形形色色的案件和各种各样的当事人,不论对方是急躁冒进的或者是寡言少语的,他从来都是心平气和地和他们沟通案情,给他们讲其中的道理,用自己的随和与稳重感染他人,一次次地化解矛盾,将大事变小,将本来复杂麻烦的事情变简单。所以,水红东在他人眼里显得很平易近人,很亲切。在采访过程中,不时有同事过来亲切地喊他"水哥",午休时也有同事来向他请教种花的经验。不论是和人打交道还是执行任务时,水红东总是面带微笑,给人一种不慌不忙的踏实和温暖。不仅是单位的同事,有时候在工作中和一些律师或当事人熟悉以后,大家也都会叫他"水哥"。

跟随水红东的实习生也补充道:"有时候遇到一些情绪激动的当事人,有的心里想着判决对自己不利,哭得稀里哗啦来找水老师诉苦,有的想法极端,在庭上会很冲动,这些时候水老师都能心中有数而且非常冷静地把这种事情处理得很好。有时候还会给当事人出出主意,教他们如何防止更大的财产损失,给他们讲讲法律知识,拿出事实依据把道理讲通,最后他们都对判决心服口服。"

今年已经是水红东在基层法院工作的第八年了。审判员的工作是十分严谨的,每天面对法条的工作相对枯燥而乏味,案件事实有时残酷又让人心寒。可是水红东始终都是一个温暖的人,就像是一缕阳光。那种替他人着想、冷静平和的心态不仅让他在工作中事半功倍,也温暖了身边的每一个人。

勤奋踏实，做一个独立而有思想的人

生活中，水红东总是向身边的每一个人传递着正能量，是一个非常随和又不乏幽默的人。在工作中，他面对每一个案件都没有半点马虎，非常严谨。他热爱自己的工作，在岗位上的每一天、每一分钟都在实干，虽然免不了要加班加点，但他依然会因自己踏踏实实地付出而感到欣慰。

每天面对着如此繁杂的案件，水红东总是能够仔细地对每一个案件进行深入的思考和分析，找到判决的依据，哪怕同类案件在不同地方的法院已有许多的判例，他依然坚持独立思考。水红东神采奕奕地说道："对于现在的工作，我自己觉得最有魅力的地方是在工作中可以不受干扰，发挥自己的才智，经过充分的了解和准备后做出自己的判断"。

水红东在判决过程中不仅遵循"以事实为依据，以法律为准绳"的原则，而且能够把握住灵感来巧妙解决难题。这份能力，不仅来源于多年基层法院工作锻造出的智慧与经验，还源自于他自己平日的勤奋和学生时代的努力。未结案数量一直维持在八、九、十件，为了提高工作效率和质量，水红东不但空闲时会给案件整理思路，通常还会在每次刚开完庭思路最清晰的时候及时将结案材料写好，以免过后会遗漏任何的信息。面对每一个案件，他都会认真查阅相关的文献资料和法条，在处理这些各不相同的案件中逐渐丰富了阅历，在实践中学到了最宝贵的知识。也正是因为他在工作中保持勤奋上进的心，总是抱有对每一个案件、每一个当事人负责的态度，督促自己及时高效地完成任务，才能胜任基层法院审判员的工作。

回忆起在校园中学习读书时的情景，令水红东印象深刻的是"蹭课"：常常从一个教室出来走进另一个教室，觉得每一个老师都很有自己的特点，讲课很有意思，他自己对法学知识的渴望也仿佛永远无法满足。虽然已经过去多年，但是他仍然记得每个老师的名字，记得他们的特点。他时常记得学校的学习氛围很好，每次考试前大家都会去图书馆抢座，还会围坐在一起探讨学术问题,这些场景到现在都经常鲜活地浮现在脑海中。

那时候他放暑假在学校准备司法考试,当时的教室寝室没有空调,但是好像一点也不觉得热,每天都要十点多才回到寝室休息,学习的激情让他完全把疲惫和辛苦抛在脑后。他在海淀法院实习时,每天五点多起床从昌平挤公交去上班,这段经历让水红东记忆犹新。在学校时学习的劲头和实习时的磨炼都为他如今成为一名优秀的基层法官奠定了基础。那些在法大的时光时常会被记起,那些早起的日子,那些老师讲课时的背影,依然熠熠闪光。那些书本上的墨迹、讲义上的语句、教授上课时语重心长的教诲,都早已把法律人坚定与刚正的种子播种在他的心中,深深扎根。

孙博通：身着橄榄军绿，心怀政情法义

文/方悦

人物简介：孙博通，中国政法大学刑事司法学院2012届毕业国防生，武警部队"十佳"四会政治教员，荣立"个人二等功"。

近日，在武警部队2015年度优秀"四会"政治教员评比竞赛中，我校2012届毕业国防生孙博通，以武警北京总队一支队十一中队代理指导员的身份参赛。比赛中，他以自身渊博的学识、切身的基层体会、生动的语音表达，获评为武警部队"十佳"四会政治教员，为国防生群体争了光、为母校法大添了彩，使在校国防生倍受鼓舞。

2008年高考后，孙博通被中国政法大学录取，成为刑事司法学院的一名国防生。起初坚定下的心志，为孙博通推开一道不二"法"门，也铺就了如今他走过的这条不平凡的军旅人生路。

勤学苦练磨利剑

一路走来，学委会、广播台、准律法援、农研支教、刑事法诊所，社团和活动中活跃着他的身影。孙博通尤记得，他和同伴曾在2011年代表学校参加了北京市模拟法庭大赛，最终获得二等奖。昔日的光荣与梦想、欢乐和遗憾，化作今日饶有兴致的追忆。

"学业活动两不误"是孙博通为人为学的准则。学生自当以本业为重,兢兢业业做好自己的学问。每天,他在"大学生"和"后备军官"之间变换着角色,按部就班地进行日常训练、体能锻炼,一样认真地对待课业,一样啃专业书、泡图书馆。每到考前,全班同学都能拿到一份由孙博通收集整理好的复习资料。身为当年班上的学习委员,孙博通只觉得这是他职责所在,多做一点也是心甘情愿的。

奖学金年年拿着,司考也顺利通过,看似一路顺遂,实则顺理成章。孙博通对于大学怎样才算不虚度、国防生三字的分量如何,有着自己的理解。在他看来,选择了一条路,其实也就是选择了路上所有的困难和挫折。回忆往昔,孙博通寄语在校求学的师弟师妹们:"你们要对未来充满信心,也要对困难做好准备。最重要的是,你们要珍惜大学的时光。"

"挥法律之利剑,持正义之天平;除人间之邪恶,守政法之圣洁!"2012 年刑事司法学院的毕业典礼上,孙博通带领毕业生们念出这句入学时许下的誓言。"毕业的时候,我忽然觉得法大分明那么大,每一处都想要驻足流连。""法大"的烫金二字,依然沉甸甸地挂在孙博通心头,占有着特别的位置。

法大四年,留在孙博通心中的是对公平和法律的信仰以及对规则和程序的信赖。言谈之中,法律人严谨的逻辑依然体现在词句之中。"法大人都很执着,如江平老先生所言,'只向真理低头',这是我们骨子里的倔强。"

披绿投戎驻军营

打点行囊,离开母校,"雄关漫道真如铁,而今迈步从头越"。书生穿上戎装,由准军人变为军官,这是孙博通人生的新起点。起先是再到军校参加为期一年的训练。考验和磨炼难免让人觉得苦不堪言,但"那一年很开心"却是孙博通对军校生活的总结。

在军校的一年里,孙博通留下许多含泪带笑的宝贵经历。在一次野营演练中，身为中队指导员的孙博通带着中队追赶先头部队。何曾想一个不慎，竟失足落入满是粪便的沼气池里，很快陷入没顶的污水和秽物之中。整个中队见状都愣住了。直到看见孙博通奋力挣扎着翻出水面，扒住池沿，战友们这才反应过来，七手八脚地把他们的指导员捞了上来。换上不合身的衣鞋，把雨衣让给了发烧的战友，瓢泼大雨之中，孙博通继续前行。小一码的鞋让孙博通举步维艰，可是"必须走下来，要不然多丢人啊"的朴素念头支撑着他咬牙走完了全程。如落汤鸡一般来到驻扎的地方，孙博通发现这栋未完工的临时宿营地没有水源，只得拖着疲惫的身体，提起发疼的脚，终于在废旧的教学楼下面找到了水源，这才洗上了澡。

这个从小在城市里生活的军人此前从来没有经历过这样狼狈的事情。军校的训练，一夕之间令孙博通成长。"这个过程很煎熬，但是怎么办呢？没招啊，忍着呗！可是现在回头想想，真的特有意思。战友们聚在一块儿无话不谈，大家共同学习、生活、娱乐，军事技能也学到了很多。身体上是劳累的，心情却是舒畅的。"孙博通笑着说。

来到部队，由于文化程度和生活经历的不同，起初孙博通总觉得自己同战士们之间有着一定距离。然而他坚信，只要肯付出，周围的人总会感知到你的光和热。从朝夕相处中真心接触，孙博通渐渐摸清了战士们的想法和生活习惯。"要走到战士们中间去，就绝不能以大学生自居。他们身上有你意想不到的优点，有你想象不到的才华。"孙博通说。作为指导员，每一个兵的情况孙博通似乎都能信口道来。而要讲出让战士爱听的课，需要技巧、心血和一点灵犀。孙博通力求"博通"，将思想和道理贯穿在明白晓畅的话语中去。

"我不敢说自己完成了身份的转变，至今我依然在努力之中。"努力被大家看在眼里，领导的认可，战士们的尊重、拥护和支持，成为孙博通拼搏的动力，支撑着孙博通一路跋涉，一路前行。

"四会"场上争荣光

君子不器，有才华的人从不缺用武之地。孙博通在校是广播台播报员，练就一口字正腔圆的普通话。在军中,一口好嗓子引起了领导的注意,孙博通得以有机会参加北京总队的"四会"优秀政治教员评选活动。

所谓"四会",即会搞思想调查和计划安排教育,会运用现代化教学手段备课讲课,会做思想工作,会进行心理教育疏导,这是总部下达的对政治教员的能力要求。近年来,不仅是孙博通所在的武警部队,全军都在自下而上广泛深入地开展面向政治教员的业务比赛,"四会"优秀政治教员比武是其中规模和影响最大、也是最受瞩目的活动。

在总队的"四会"优秀政治教员评选中,孙博通连拿两年的总队第一,因此被推选代表北京总队参加2015年度的武警部队优秀"四会"政治教员评比竞赛。这一年,比赛制度发生了重大变革,题库题量增大,增加了现场制作课件的环节,只有在应知应会考核、模拟情况处置、课件现场制作等几轮考验中胜出的选手才有资格现场授课。授课本身也不再是准备好的展示,而是经过抽签选题和短暂准备后的临场发挥。

种种环节,层层选拔,对于孙博通而言,机遇与挑战同在。抽到"如何正确认识对待信息网络"的选题,孙博通发挥稳定,以一贯饱满自然的授课风格打动了评委和观众,最终不负众望,在168位选手中脱颖而出,成为十佳"四会"政治教员。

解放军报登报,总政治部表彰,荣立"个人二等功",许多荣誉随之而来,让这个参加工作不满三年的年轻人感到受了莫大的鼓舞和鞭策。"对部队来说,大家士气更高涨了;对其他政治教员来说,起一个抛砖引玉的作用;对我自己而言,我把工作做好,把部队带好,要无愧于组织给我这份信任啊。"

学校是一个人做学问的地方,而部队是一个人成就事业的地方,是另一种意义上的大学。在孙博通看来,两者都不可或缺,皆是他人生经历之中的富矿。

如今孙博通住在东城区,每日忙完支队的工作,抬眼远望便可以看到沙滩红楼,那是1952年中国政法大学(原北京政法学院)建校之初所在的地方。兜兜转转,热爱不灭,羁绊不失,这名昔日的学子,如今的军官,以这样的方式与母校同在。对于孙博通来说,母校的教诲印在心里,军人的荣光永在前方,而他自己,仍在路上。

翁立萍:一生一世法大人

文/罗雨荔 刘婧星

人物简介:翁立萍,2004年毕业于中国政法大学法学院,现任江苏省兴化市人民检察院检察官、未成年人检察科副科长,曾获江苏"好青年""普法达人"等荣誉称号,是青少年心中值得信任的"小翁姐姐"。

缘起法大:怀一段法治天下的梦想

翁立萍自小成绩优异,胸怀进入高等学府深造的梦想。受高中政治老师的影响,她决心学习法律,尽己所能地匡扶正义,因而中国政法大学成为她的不二之选。2000年,翁立萍以兴化市高考第二名的成绩被法大法学院录取。

在法大的学习经历,给了翁立萍很深的影响。时至今日,回忆起那段时光,她都免不得几分激动。"开学第一课是江平教授的讲座,那节课我到现在都忘不了。"刚进大一的翁立萍在大礼堂里听老校长讲述他曲折的人生经历:回国、反右、失腿、复校、学潮,磨难重重却仍为心中的法治梦想呐喊不息,不由得被讲话中法治天下的理念深深打动。"他虽然没有给我上过一节专业课,但是我一生的导师,是我的精神支柱。"——时至今日,看到朋友圈里与老人家有关的推送,翁立萍都会第一时间转发,以此寄托尊重和怀念。

除了江教授,法大的其他一些老师也给她留下难以忘怀的印象。夏吟兰老师讲授《婚姻法》时，举出的案例鲜活生动好理解；皮继增老师不仅耐心解答翁立萍学术上的问题，也一直关心她的成长。就这样，在很多优秀老师的引领下，翁立萍一点点学会认识法律、解读法律，为后来顺利考取兴化市人民检察院打下坚实的基础。除了接受老师细致的指导，勤奋的翁立萍还经常在教室里自习。回想起冬天凌晨五点多就起床的经历，她记得北京东风的寒冷，更记得一个宿舍的室友们轮流占座的温暖。

　　学在法大，也生活在法大，法大浓厚的人文精神也是她从始至终都念念不忘的一种特质。从兴化先去南京，又经几番转车才到政法——在几经周折的新生翁立萍最觉无助时，是师兄师姐们主动带她熟悉校园环境、采购日常用品。同高中的师兄师姐还常常带她周末爬莽山、军都山，参加各种活动，正是这份一届届传承的热忱，让她很快融入了法大这个大家庭。

　　及至冬日，翁立萍同所有南方来的学生一样，在初见北方及膝盖厚的雪时兴奋异常，和一群女孩子聚在校园西南角的竹林里打雪仗、堆雪人。去年毕业的十周年纪念里，返校的她还特意回西南角看望，只可惜那片承载了欢笑的竹林已变成楼房。

　　现在的翁立萍同很多校友都还保持密切的联系，还不时计划"约个日子回家看看老校长"。她的微信里关注了法大的公众号，也总是有推送就点开来看看母校的最新发展，这一切让翁立萍觉得自己从没有离开过。

续梦法大：系一段厚德格物的情结

　　凭着在法大积累的扎实功底，翁立萍考入兴化市人民检察院。走入社会，她依然铭记法大"厚德、明法、格物、致公"的校训，并在实践中身体力行。

　　刚进兴化市检察院，翁立萍便被安排到侦监部门参与青少年维权岗的创建，青少年维权工作便扎根在她心里。2011年3月，兴化市检察院成立了未成年人检察科，翁立萍是不二人选。而翁立萍在多次介入治疗头部动脉血管瘤无效后，刚刚做完血管瘤切除手术，医生建议她多休息，防止复发。可未检科刚刚成立，怀揣着梦想蓝图的翁立萍硬是将头上的伤痛抛之脑后，天天戴着假发，为开设"青少年维权岗"网站，申请青少年维权专用QQ、设立青少年维权专线来回奔波。常常直到晚上闲下来，翁立萍才发觉头上的刀口又痒又痛，疲累却难以入眠。那段时间，是翁立萍身体上最难熬的，却也是她收获最大的一段时间，未检科经历了从无到有，从有到强的质的飞跃。翁立萍说，在办理案件的过程中，发现很多孩子都是因为不懂法或对法律一知半解而犯罪，快速搭建起一个与青少年交流的普法平台非常重要，想到这里，我无法安心休息。

翁立萍并不觉得她在办案过程中体现出来的善良是对"厚德"之训诫的刻意追寻，反倒是最真实的情感流露。一次，翁立萍临时接到任务，是一桩颇为尴尬的猥亵女童案。听科长简单介绍了案情，细心的她开始试着与才五年级的受害人单独交流。孩子懵懂又害羞，翁立萍就耐心地劝解，慢慢打开对方的心结。交谈中偶然发现小姑娘一直没有母亲照顾的事实，她当即中止调查，转而向被害人家长（奶奶和父亲）了解背景。获知小朋友父母离异的背景，又思及苏北农村经济落后较为闭塞、青年男女婚姻不稳定的实情，联系不上孩子母亲的翁立萍，着实很想为呢喃"想妈妈"的她做点什么。得知她希望有一套童话书，翁立萍二话不说就从淘宝上订了一本《格林童话》和《安徒生童话》作为儿童节礼物送给她。案件了结之后小姑娘被家人带回，翁立萍则在当地派出所处理后续工作；下午小姑娘经过派出所上学时看到翁立萍，特意停下来转过身冲她挥挥手。"感觉整个心里都是爱，都是温暖的。"翁立萍如是说。

办好一桩案件需要哪些准备？提前了解涉案人员的基本信息，自然情况、成长经历，具体到交友特点甚至兴趣话题——翁立萍接手案子前会掌握方方面面。为了充实自己的知识储备，她还自学考到国家三级心理咨询师，在不忘攻读最新的法学书籍的同时不断总结办案过程中的经验。一次，在处理六名在读高三生因言语不和而引发的聚众斗殴案件时，翁立萍考虑到他们激动的情绪和敏感自尊的心理特征，选择了在隐瞒其同学的情形下进行讯问，进入学校调研也都穿着便服。结案之后，她仍关注这几个孩子的成长，不仅制定帮教措施，不时回学校和老师交流他们的现状，与家长保持电话联系，还请来专业心理咨询师帮助他们正确认识错误，重新树立信心。未成年人教育挽救工作琐碎细致,但她始终秉持"格物"精神,尽己所能地创造一个有利他们成长的社会环境。

聊起工作,翁立萍对"把孩子说哭"这点特别有感触。她总可以依靠充足的准备工作、从共同话题入手,逐渐找到对方的"泪点",让孩子认识到自己犯了错。可是每次孩子们伤心地哭了,她都忍不住心疼陪着落泪,"像个孩子啊,就是改不掉。"幸而,从业将近十年,她也一直不后悔这样的孩子气。

展望法大:做一个无愧母校的学子

纵观 2004 年从中国政法大学毕业以来的述职经历,顶着金字招牌的翁立萍有着非常神圣的自豪感。作为法大的学生,她很受领导的重视和同事的尊重,但自豪的同时却从不以名校毕业生自居而骄傲。对于"小翁姐姐青少年维权热线""小翁姐姐法律讲座"等一系列江苏省普法品牌活动,她谦虚地表示是团队工作的成果,是检察院和妇联、团委等部门合作的结晶。而能有今天的成绩,翁立萍更多是感激:感激父母的支持、感激一路走来各位师长的照顾,也感激所有来自陌生人的善意。

不仅为了得到社会的认可,更为了问心无愧,翁立萍在工作和生活中给自己提出了更高的要求:小到严格遵守法律规范和社会公德,大到积极承担各项任务。工作中有时遇到被害方家长的不理解甚至偏激行为,她都能想办法劝解,坚持传播正能量。作为一名坚定的马克思主义者,她不信奉鬼神也不烧香拜佛,"我们把工作做好了,就相当于拜佛烧香了。"这段上级的口头禅,也是她办公的座右铭。

从法大走向社会,她对法律的认知从理性走向感性。印在纸面上的法条刻板冰冷,但遵照法规处理事务的翁立萍却将人文关怀和母性柔情渗透于其中。在她眼里,没有十恶不赦的坏人,只有一时糊涂的普通民众。她不会戴着有色眼镜和先入为主的偏见审视案情,而是把对方放在和自己平等的位置,尝试去解读、去感受嫌疑人的身不由己。为了和未成年人更好地打交道,她甚至改掉了原来急躁的性格；看到孩子们因为她的付出回归正道健康成长，她也会感到由衷的欣慰。

面对法大的后辈们，翁立萍送上的第一个忠告是：学习。法大的资源非常丰富，藏书也多，不抓住机会提高自己，难免遗憾。她自己便惋惜，若是本科阶段学习更踏实一点，现在应该可以做更多的事。从学校官方微信里得知在校生了解检察院的不是很多，她很惊讶，因此希望可以有更多的师弟师妹可以接触社会，出去支教或者走进法院、检察院。据她所知，整个地级泰州市公检法系统中法大的毕业生只有四名，而她的单位——兴化市检察院迄今还没有法大学生去实习。她还是由衷地希望能有师弟师妹可以走进基层，得到更多的锻炼。

四年四季军都春，一生一世法大人。老校长的名言翁立萍熟记成诵，更铭刻于心。改不掉的耿直性子、永远相信的法治梦想、一辈子的法大学生，是她最骄傲的事。

采访笔记：打电话远程采访时，翁立萍主动提出用她的号码回拨过来。感动之余，记者也更领悟到"小翁姐姐"是怎样时时刻刻将工作里对青少年的亲切和蔼带到生活的每个角落。法律无情人有情，正是有了翁立萍这样带着爱心的法律人，法治环境才日趋文明；也正是翁立萍这样带着初心的法大人，中国政法大学作为法学最高学府的金字招牌，才更加光彩熠熠。

吴兴印:追梦律师魂　诚诚赤子心

文/陈立之

人物简介:吴兴印,1994 年毕业于中国政法大学经济法系,先后获得"广东省优秀律师""全国律师行业创先争优活动党员律师标兵""广东省优秀'两新'组织党组织书记""广东省律师行业公益法律服务杰出贡献奖"及"佛山市优秀律师"等称号,吴兴印律师现担任广东省党代表、广东省律师协会副会长等多项社会职务。

经历六年的法官生涯后转行从事律师职业的法大校友吴兴印,喜欢把自己比喻成律师行业里的追梦人。27 年前的九月份考入中国政法大学便是他追梦法律的起点,大学四年时光不仅带给他学术上的蜕变,更塑造了他坚韧的意志。毕业后他为了梦想远离家乡来到新兴的南方城市,从事法官一职。工作六年后放弃法官工作,大胆下海试水律师行业。在律师行业中他是新兴时代的弄潮儿和同行眼中的追梦人,这一条律师梦之路他长跑了 17 年,期间有彷徨,但更多的是收获和成长。如今的吴兴印已经成为一位鼎鼎有名的大律师,他一手创办的律师事务所也成长为行业的标杆。然而他说,他还要继续跑,就像 26 年前在法大田径场上的长跑队训练,继续挥洒汗水,继续追梦无悔……

保持速度坚持信念，用长跑的心态追逐梦想

提到大学四年的校园时光，法大田径场上的三年长跑经历给吴兴印留下了最为深刻的记忆。那年大二，还带着些许稚气和青涩的他，主动要求加入学校长跑队参加长跑训练。众所周知，法大长跑队的训练素来艰苦，少有人能够坚持下来，然而吴兴印主动提出要求参加训练，而这一训便坚持了整整三年，操场便成了他在大学生活中除宿舍、课堂外待的时间最长的地方。

"一开始入队非常辛苦，每次跑步我都落后，每次训练我肯定都是队伍中的最后一个，但是我都咬牙坚持了下来。"日复一日的训练和这份带着些许倔强的坚持，不仅让他成为队伍中优秀的一员，还磨炼了他坚强的意志和坚韧的信念。每每回忆起跑步的时光，吴兴印总是感慨地说，"法大的长跑经历改变了我的一生，成为影响我在踏入社会后冲锋陷阵的重要力量来源。"

在长跑队中学习的精神帮助他完成了一次又一次人生中的重要冲刺，让他从一个不知名高中出来的青涩学生蜕变成了一个有担当有魄力的班级学生骨干，再蜕变成一位勤恳负责的法官，到如今声誉满载的知名律师。正是在长跑队中培养出来的这份"保持速度，坚持信念"的性格品质奠定了他如今事业的基石。

在吴兴印看来，人生成功的准则是良好的习惯加上坚持，好习惯易养成但坚持下来却不易。在长跑过程中，坚持就是当达到极限的时候咬牙挺住，这样就离终点不远了。人生亦然。他认为，很多时候当自己想要放弃，只要再坚持一下，哪怕一点点，人生都有可能会是另外一种境界。如今26年已经过去，他在长跑队认识的法大兄弟姐妹们都已遍布全国，在各领域中都非常优秀，而他也依然迈着永不停止的步伐，保持着自己的速度，坚持着自己的法律信仰，义无反顾，勇敢前行。

路遥知马力，用勇气迎接转行的挑战

大学毕业的时候，吴兴印凭着自己优秀的法学功底和突出的社会实践经历，来到了一座新兴蓬勃发展的城市——佛山，并在佛山市中级人民法院经济庭就职。2000年，已在法院工作六年、从书记员成长为法官的吴兴印，毅然决定下海试水律师行业。三年后，他创立了广东至高律师事务所。在吴兴印的心里，律师于他而言不仅仅是一个职业，更是一个事业，一个梦想。

正是由于在法院六年的工作经历，转行后的吴兴印得以从一种新的视角看待律师这份职业。"法官生涯给我最大的收获就是能以公平、合理、合法的标准来对待每一个案件。"他认为，身为律师就要尽最大的努力去维护委托人的合法权益，应当给当事人一个全面分析的意见，不能只报喜而不报忧，更不能为了取得当事人的信任，一概向当事人保证能打赢官司而毁了自己的声誉。因此，他对自己经手的每个案件，都不会轻易相信当事人的口头陈述，而是尽量从证据出发，并从正反两方面入手，全面分析，最终给当事人一个中肯的法律意见，并尽最大努力去维护当事人的合法权益。

刚刚做律师时，无论在心态和各个方面，对吴兴印来说都是一个漫长的考验和挑战。创业初期的他既要跑市场，又要研究专业知识、培育新人；既要保证律所的生存与服务质量，又要思考律所的发展方向，寻求实现目标的可持续经营方式，期间的艰苦可想而知。面对重重困难，吴兴印依旧坚定自己做律师的选择，拼命学习，一切当作从头来过。回顾那段时光，吴兴印感慨道，"如果没有梦想，没有追求，没有对路遥知马力的信心，在遇到挫折和质疑的时候，我是很难坚持下来的。"他很感谢那段最初富于挑战的岁月，那段时间的拼搏和奋斗对于他来说是一种不可或缺的人生财富。

由吴兴印一手创立的至高律师事务所经过短短14年的时间，迅速成长。这14年的背后，他经历过初创律所时仅拥有一间简陋办公室的艰辛，经历过生存压力带来的彷徨。而吴兴印，这位富有坦诚、直率、讲义气等优点的北方人,因追求法律的至高无上,以严谨敬业的职业操守,执着地对法律的公平正义不懈追求,成就了自己对律师的职业信念。如今他的至高律师事务所也发展成为佛山当地的行业标杆,并在广州设立分所,先后获得"广东省优秀律师事务所""佛山市优秀律师事务所"称号。

吴兴印经常教导自己的后辈,"身为律师,我们要把它作为一项长期的事业去做。我们应该要珍惜'律师'这个称号,并用最大的诚信去维护它。律师一定要为自己讲的话负责,为自己提供的法律意见负责,只有这样,才能经得起时间的考验,才能赢得当事人的信赖。"在他看来,只要做人成功了,做事业也一定会成功的,只是时间长短而已。而这种诚信做人的态度正是他对法律之道至高无上的诠释,也是他为什么将律所起名为"至高"的原因。

如今的他再次做起时代的弄潮儿,顺应社会发展的需要,六年前他着手对至高律所进行改革,现在公司化管理模式下的至高律所,建有完善的"机构发展部门开拓市场、专业事务部门提供服务、后勤部门做好管理"的"专业分工,团队合作"的运营模式。在强专业、强合作的协同体系下,能够为客户提供更精确的专业服务和更有效的跨专业"专家会诊"式综合服务,真正实现完美团队的一站式专业服务。此次的转型是一场挑战十足且带有阵痛的改革,这六年,他付出的努力和艰辛甚至比初创至高律所时付出的更多,最终吴兴印和他带领的团队再次实现了他们的梦想,用他自己的话来说是"二次创业的成功"。面对未来,吴兴印依然会秉持着他对律师行业的追求,扮演着追梦人的角色,继续探索他的法律至高之道。

当问及对法大的师弟师妹就业的建议,吴兴印认为当下的律师行业更加看重的是律师的法律功底和素质,唯有对某一个领域的"精"和"专"才能够更好地在法律界立足。吴兴印在大学时代对经济法的兴趣非常浓厚,课余的时候经常跑到图书馆翻阅大量资料。毕业后他从事六年经济审判工作,对经济法司法实践各个环节都很熟悉。正是这种对经济领域的钻研使得他在从事律师职业时对经济诉讼方面拥有优势,也成就了如今的他。

毕业22年的吴兴印每次谈到母校都是满满的自豪感,他总是鼓舞后辈,做一个有法治担当、有法治信仰的法大人。他认为,中国法治化的进程与律师的职责是紧密相关的。律师作为一个有别于公检法专门的执法机关,虽没有公权力,但它有法律赋予的神圣职权。在中国法治进程的脚步中,吴兴印将会继续追逐自己的律师梦想,用他的满腔热情为中国的法治建设作出他的贡献。

吴媛媛:尽力工作　尽心为人

文/李衍泽

人物简介:吴媛媛,中国政法大学2001级学生,现为山东省淄博市周村区人民检察院民事与行政检察科科长。吴媛媛所领导的项目主动促进两地环保部门协作,建立起快速反应机制,获得了中国法学会和环保部的双重认可,被评为全国"生态环保法治保障"制度创新优秀事例。

青葱不轻松

在烟台大学学习了四年英语专业之后,吴媛媛于2001年通过了中国政法大学招收二学位的考试,进入法大学习法学。一晃而过的大学生活也许没有留下什么特殊的记忆,但却让她拥有了一段可遇不可求的美好经历。

谈及授课的老师,吴媛媛带着些许不易察觉的自豪和喜悦说道:"我们那时候大部分为名师授课,比如经常做客《今日说法》的曲新久教授,还有著名的刘心稳老师等。"尽管有名师相伴,他们的学习却并不轻松,需要在短短两年时间内将法学的全部课程修读完毕,这使得他们的学习十分紧张。吴媛媛感慨,"如果没有那些老师们如此认真细致的授课和教导,我们是不可能那么快就把握住法学知识的核心的。正是因为有那些法学名师们勤勤恳恳的授学、言传身教的指导,我们才能深入了解法学方面的前沿性问题,两年下来才能有如此大的收获。"谈及这一段时光，吴媛媛言语之间充满了对法大老师们的感激和敬佩。在她看来，这样的老师，也值得每一个学生去记住他，回忆他，赞美他。

而吴媛媛的毕业，则用"特殊"两个字来形容再合适不过。2003 年，正值"非典"盛行，他们这一届学生也正面临毕业。受"非典"的影响，原来的四个小班并为两个大班进行集中上课，每个大班的人数接近 200 人。"也可以说是因祸得福，正因为这样的授课模式我才有机会结识更多的同学和朋友。我的同学现在可以说是分布全国各地，前几天还有广西的同学过来待了几天"，吴媛媛这样说道。除了授课，这一届学生的就业也受到了"非典"的冲击，但所幸基本上所有同学都找到了比较好的出路，继续着公检法事业。而这在吴媛媛看来，是他们两年辛苦求学所得到的最好回报。

"给当事人一种希望"

2016 年是吴媛媛在基层工作的第 15 个年头，从书本学习到基层工作的转换，其中的辛苦与艰难不言而喻。"真正到了基层开始工作以后，才发现自己在大学里学的很多东西没办法直接用上，因为基层的工作非常琐碎、复杂，经常会出现多个层面工作相互交叉的情况，可以说是书面规定的延伸运用，需要具体问题具体分析。"基层的工作为她提供了很好的实践经验，而另一方面，由于国家出台新规，要求从事司法工作的人员必须通过国家司法考试，这就对吴媛媛提出了另一个挑战，而她最终也不负所望，在 2008 年参加并通过了号称"天下第一考"的国家司法考试，在理论上更加深厚了根基。

谈及自己所从事的民事与行政检察监督工作，吴媛媛如此总结自己这么多年的工作经验。在她看来，这项工作主要分为三大块：第一部分是对民事诉讼生效的判决和裁定，第二部分是监督法院的审判程序和执法过程中的违法行为，第三部分则是监督行政执法部门的处罚程序和实体操作。其中最重要的当属对民事诉讼生效的判决与裁定。具体而言，即在民事判决发生法律效力之后，当事人如果觉得判决或裁定有认定失实或者不适用法律的情况，可以在法院自我纠错不能的情况下向检察院申请法律监督,因此检察工作也被称为"法律监督的最后一道防线"。

吴媛媛谈到她所经办过的这样一件案例。曾有一位当事人因为承揽合同纠纷而到处奔波,他本身身体不好,妻子还要跟他离婚,因而逐渐对生活感到失望,最终找到检察院,希望能找到一条出路。"按规定,只有法院发起再审,检察院才能发挥作用",吴媛媛说,"可是我们又担心当事人因对生活和社会无望而采取消极、极端的方式来泄愤,从而给家庭、社会带来更多的变化和危害。所以我帮助他联系了市检察院,提供证据证明已经到过市法院反映情况并申请再审,检察院这边起码在程序上能够先受理下来,寻求解决纠纷的更好的办法。"在吴媛媛看来,通过自己的努力,能够预防当事人走上极端的道路、做出极端的行为,能够给予当事人哪怕一丝希望,那就是很美好的一件事情,那就是自己的工作价值所在。

其实在基层工作,所接触到的基本都是老百姓。虽然说是民事行政检察科,但其实工作更多的却是在民事方面。"他们打官司很不容易。大多数人的法律意识比较淡薄,但是对检察院总是抱着一份敬畏和信任之情,所以我乃至我们科的工作原则就是,只要到了我们这里,不管遇到什么情况,有什么诉求或想法,我们都会仔细倾听。"吴媛媛解释道,"你的言行会对他们有很大的影响。如果你对这份工作不认真或者对当事人有态度上的不热情或不关心,就容易对当事人造成负面的影响。对待当事人,我们首先要尊重。老百姓打官司很难,对他们要采取负责的态度。"工作这么多年,吴媛媛一直秉承着这样的准则,很多时候也许一些可能并不归自己部门管,但是她也会尽量帮助当事人协调其他相关部门,尽自己所能地去帮助老百姓。感谢信、锦旗经常会送到她手中,领导也十分认可她的工作,这对吴媛媛来说,已经是工作赐予自己最美好的回报。

同事眼中的"好科长"

吴媛媛所带领的民事行政检察科另有两名科员,一位是杭州师范大学研究生毕业的杨威,一位是山东理工大学毕业的李美玲。在杨威眼中,"吴科长雷厉风行,进取心强,每年我们科里都会有特色工作被评选出来,这与科长的工作态度息息相关。她也特别有能力,在同一批进来的人当中是被提拔最快的,现在她任科长也已经有一年半的时间了。而她对科员们的生活也很上心,总是很照顾我们,甚至还会替我们操心找对象的事情",杨威笑着说。

提及吴媛媛对工作的态度,杨威用了两个词:认真、负责。"曾有一个案子,当事人来检察院找过七八趟。原因是周村区法院对一起交通事故责任纠纷的案子超过审理期限近两年不做判决,当事人与妻子多次去省高院、市中院上访投诉没有结果,结果导致身心俱疲。"杨威道,"科长了解到这一情况之后,主动帮忙向区环卫局了解事故发生情况,与区法院协调沟通后与控申科积极协商达成一致,帮助当事人申请到国家司法救助金。"当事人事后还给科室送去了感谢信,表达了对民行科工作的感谢。

除了民事监督,吴媛媛在行政监督工作方面也取得了不错的成绩。由周村区检察院民行科主导,联合邹平建立的"跨区域环境污染行政执法检察监督机制"是针对行政执法部门进行法律监督的典型事例。吴媛媛带领科员主动促进两地环保部门协作,建立起快速反应机制,获得了中国法学会和环保部的双重认可,被评为全国"生态环保法治保障"制度创新优秀事例。

尽力工作,尽心为人,吴媛媛就是这样以法大人的身份扎根基层。她以自己对生活和工作的态度,在人民公仆的道路上实现自身的生命价值,也折射出自身的独特魅力。

宿秀荣:法大橄榄绿在三沙

文/王文杨　刘婧星　尤梦羽　刁皓璇　荀璐阳

人物简介:宿秀荣,中国政法大学2010级国防生,毕业后服从组织的分配,前往海南服役,现在武警驻三沙部队担任排长一职。

深沉的夜色吞没了深沉的海浪,深沉的海浪颠簸着满载思念的船只。

这是一艘普普通通,往返于三沙市与海口市的交通补给船;船上的人员也是普普通通的武警官兵。他们当中,有一位叫宿秀荣的年轻军人。他的故事,似乎到处都是,却又无法复制。

雄心驻三沙

对于平时没有假期、只有周日可以外出放松的宿秀荣来说,能在春节时回家看望父母亲人,是他深埋于心的小小愿望。去年回家是三月份亚洲博鳌论坛结束之后,而今年的春节他则驻守在海岛的执勤点上。"一家不圆万家圆",身为武警中的一员,他承担着普通青年无法想象的责任。当被问到是否想家时,宿秀荣的声音里透着些许无奈,不过又很快转为一贯的阳光豁达:"刚开始的时候是有点想家的,但是都毕业那么久了,慢慢地就习惯了。"

身着橄榄绿军装的国防生,向来是法大的一道独特风景;而身为其中一员的宿秀荣,怀着更远大的抱负融入了浓浓绿意里:他在毕业后服从了组织的分配,前往海南服役。两年前宿秀荣刚收到分配到海南的命令时,虽然愿意为祖国奉献青春,可心中多少有些忐忑。他担心,即将要去往工作的地方是一个偏僻落后的小岛,而在岛上驻守执勤的自己将成为影视作品里的"孤岛英雄"。尽管对未来彷徨惆怅,宿秀荣还是义无反顾地踏上了南下的长路。我校武警选培办教官黄理回想起那时,记忆依然清晰:"分配命令下达后,秀荣笑脸灿烂,说了句'教官,我要去驻守祖国南大门了,凡我在处便是法大!等待我的捷报吧!'"

2015 年 10 月,经过武警福州指挥学院一年训练,宿秀荣真正到达三沙营区开始崭新生活的时候,他才发现一切没有自己想象中那么可怕。站岗、执勤、训练……部队的生活与实习,甚至与在学校时都几乎无异。若非要说有什么不同的话,大概也就是三沙热情的阳光了吧。在高温、高热、高辐射的工作环境下,宿秀荣被晒出了一身健康的小麦色。对此,他也只是诙谐地自嘲:"我感觉(自己)已经像非洲人一样了",言笑间还是那样轻松愉快。

宿秀荣现在在部队担任排长一职,主要进行组织排务、每周部署、总结点评战士们日常表现等工作。一周担负一次三沙市政府在永兴岛上的升旗任务,夜晚组织对岛上进行巡逻,同时宿秀荣也为市政府与武警中队充当沟通的纽带,联络、协调、处理两方的需要。每天早上,他同战士们一起起床训练。当战士们训练、出操完毕后,宿秀荣再给他们上一节教育课,课后组织大家打球、踢球,日常工作规律而细致。

当然,作为一名新兵,宿秀荣也时常遇到一些挑战。缺乏当兵经验,使得他从课本上学习到的理论与实践脱离,对战士的了解远不如前辈。因此带来的工作上的不顺之处,使得宿秀荣暗下决心,要让自己变得更成熟一些。

白衣飘飘的年代

在三沙磨砺了一个春去冬来,宿秀荣已然是一个铁骨铮铮的军人。但即使立足当下的成熟稳重,去回望七年前的自己,他也只是一个在人生分岔路踟蹰不前的少年。

宿秀荣来自一个普通家庭,拥有一颗细腻的心。或许是因为见识过老百姓因为不懂法而吃亏,或是由于从部队退伍的爷爷那里听到军人的故事,想要从军的愿望悄悄扎根于他心里。"挥法律之利剑,持正义之天平",怀着对公平正义的渴望和成为军人的梦想,宿秀荣毫不犹豫地选择成为中国政法大学的国防生,从此融入那道橄榄绿色的风景。作为国防生,他咀嚼着训练的艰苦和获奖的荣耀;除去一身戎装,宿秀荣依旧是个普通的大学生,也会有忙于学习和社团的日常。和所有大学生一样,宿秀荣品尝着属于他自己的"白衣飘飘的年代"。

在宿秀荣心中,在母校的岁月始终是一笔宝藏,大学生活期间值得珍惜的回忆很多,最难忘的则是一首《祖国不会忘记》。那是 2012 年,法大 60 周年校庆,宿秀荣有幸被选入了国防生歌唱表演的方阵中。60 年辛勤耕耘,一甲子春华秋实,法大校庆得到了社会各界的关注,非常隆重,合唱也邀请到武警军乐团的老师,从选员到排练再到最终演出,更是用了两个月的时间。这 60 多个日夜里,宿秀荣几乎每天都在排练与课堂中间奔波,空闲时间大为减少。纵然很是辛苦,但他仍然觉得这是一个难得的机会,并且因为能为法大庆生尽自己的一份力量感到光荣。2015 年 5 月 16 日的晚上,在校师生、离退休干部、心系母校的校友们欢聚一堂,"就在我们的操场上搭了一个很大的舞台,有很多表演,江平老先生也过来了。"以"中国政法大学武警国防生"的身份出席,伴奏音乐雄浑壮美,掌声与喝彩接连不断,那片橄榄绿的大合唱曾掀起校庆文艺晚会的一场小高潮。回忆起来,仿佛还是昨天发生的事,《祖国不会忘记》的动人旋律依旧回荡在宿秀荣的脑海中。

校庆是法大人集体的记忆,而宿秀荣还珍藏着独属自己的美好。除了国防生训练的操场和汲取知识的教室,校新闻中心和刑司院的四维空间也有他活力满满的身影。视频制作、摄影、稿件、绘制海报……每一项任务他都会全情投入,即使疲惫也乐在其中。常常一有活动他就要扛起相机去拍照,回来后便开始赶新闻稿。宿秀荣常会和同伴一起加班熬夜完成任务,时至今日,多年好友薛光明依然觉得，"秀荣总是（四维空间里）想得最多最全面的那个"。一起奋斗的点点滴滴加深了同学之间的情谊，这些美好的回忆也化作文字和照片，鲜活在宿秀荣的人人网主页上。

虽然离开法大已有三年之久，但那段青葱岁月对宿秀荣而言依旧鲜艳，所有的欢乐与遗憾都像昨日般不曾褪色，他不曾忘记在法大度过的每分每秒。

七年，一直在路上

从怀揣着对公平正义之执着的高中生，到一名优秀的法大国防生；从一名象牙塔里的大学生，变为志愿驻守三沙小岛的军人；从当初憨厚内秀的少年，成长为在亚洲博鳌论坛上勇立三等功的武警战士。这七年的时间里，宿秀荣成长了许多。

加入校新闻中心之后他扛着相机频频出现在活动现场，记录比赛盛况，采访德高望重的学者……新闻工作繁重且强调时效性，他就深夜里挑着灯赶稿子。"那时候不太会写东西，跟师兄师姐请教很多，把自己逼得挺狠的。"经过几年的锻炼，宿秀荣的写作能力有了提高：他发表在中国武警网的新兵故事和博鳌执勤的事迹，阅读量均上万，颇受好评。从当初对新闻写作知之甚少，到如今写出很有号召力的作品，他从没有停下前进的脚步。

初入部队，宿秀荣刚开始的时候不太适应。日复一日的单调生活、严苛的纪律与大学的自由开放所形成的巨大反差，让他觉得有些许压抑。静下心来真正地去接受并适应部队的环境之后，他再回想起当时的想法，不免觉得太过幼稚。在如今的他看来，制度并不是阻止自由和独立的一堵高墙，思想的自由非环境所能控制，独立的人格也非环境所能约束。他说，努力适应（环境），然后再去做想做的事，如此才能使自己日益强大。

"我最骄傲的，就是跟同事自我介绍，我是法大的学生。"四度春秋之后，宿秀荣挥别了军都山下的校园。三沙市阳光明媚，他爽朗一笑，黝黑的脸庞上露出一口白牙，依旧带着少年般的执着。就这样，宿秀荣经历着部队和生活的磨砺,由一个初出茅庐的国防生逐渐成长为一个国家的战士。正如黄理教官所说,"法大国防生是法大学子中的一员,他们在平凡的工作中实现着自己的人生价值。"这是宿秀荣的成长故事,也是法大一届届国防生学子的蜕变之路。花开花落,岁岁年年,一届又一届法大的国防生学子在法大成长蜕变,前往祖国需要的地方,用自己的青春保卫祖国和人民。

叶炳坤：做一个"用心"的人

文/郑育婷

　　人物简介：叶炳坤，男，中共党员，中国政法大学1990级校友，现任厦门市中级人民法院民六庭负责人。叶炳坤于1994年本科毕业后进入厦门市中级人民法院工作；1998年考入厦门大学在职"双证"研究生班；2003年，他考取"志奋领奖学金"并获得全奖留学机会，后以优异的成绩获得英国莱斯特大学法学院国际商法法学硕士学位。2011年叶炳坤获得"全国破产审判先进个人""全国审判业务专家"等荣誉称号；2016年被评为"全国模范法官"。

　　"其实我们不管做什么事，都要用心。读书要用心，工作更要用心。如果你用心去做的话，事情自然而然就能做好，但如果不用心的话，肯定就会出现这样或那样的纰漏……"在谈及自身的经历和成就时，叶炳坤笑着如此回应。简简单单的"用心"二字，背后包含的却是想要有所成就的志向，与困难顽强拼搏的勇气，以及永不服输的决心。工作22载，叶炳坤始终坚持在法律工作的第一线，用自己的知识和行动为百姓排忧解难，用自己的智慧和文字为祖国的法律事业发展添砖加瓦。

用心学习："学贵恒心，必有所获"

　　很小的时候，叶炳坤就开始为自己的法官梦想铺路。高考填志愿，所有的专业都报了法律。1994年，叶炳坤从中国政法大学毕业，放弃了保研留京的机会，来到厦门市中级人民法院工作。在进入工作岗位之后，叶炳坤也没有停下学习的步伐。1998年，已经工作的他考入厦门大学在职"双证"研究生班，攻读国际经济法。在此期间，叶炳坤写的一篇论文《外资收购产生的反"债转股"的若干法律问题思考》在当时第一次提出外资并购中可能存在垄断的法律问题，对我国此后的反垄断立法发挥了积极的作用。

也是在此时，叶炳坤意识到我国国内的商法研究急需参考世界上的先进成果。于是，他以优异的成绩考取了英国的"志奋领奖学金"，到莱斯特大学深入学习。国外的教学方式和国内有着很大不同。在英国的大学里，老师基本不授课，全靠学生自觉，积极地去看书、查资料。截然不同的教学方式以及思维角色的转变，让叶炳坤一时间背负着巨大的压力。为了克服这些困难，留学期间，叶炳坤几乎整天泡在图书馆，高强度的学习让他的头发掉了一大半，人也瘦了近30斤。

苦心人，天不负。叶炳坤对于学习的坚持终是值得的。一年后，他以优异的成绩获得国际商法法学硕士学位，成为莱斯特大学首个获得"学术优秀奖"和"杰出法学硕士"两项荣誉的外国学生。他的英国导师佩里教授更是给出高度评价："几乎没有见过在这么短的时间内就能将英国破产法和普通法精髓掌握得如此好的学生。"

回国之后，在繁重的工作之余，他依旧勤学不倦，潜心钻研，致力于将国外的商法理论、司法经验介绍到国内，并将国内最新的立法成果和司法成就传播到国外。他先后在国际司法、破产重整法等领域出版的中英文专著累积40余万字，多次受邀参加有关破产重整方面法学专著的编写和相关问题的研讨，并担任国际破产协会(INSOL)司法委员会成员。

"法院就是一所新的大学，法庭是一本读不完的书，只要从事法官工作，你就不能轻言毕业……"叶炳坤如是说。工作学习化，学习工作化，这或许正是他对于学术不懈追求的动力和源泉。

用心工作：判案高手认真对待大案小案

在工作中，叶炳坤更是始终以严谨、审慎的态度对待每一起案件。不论是涉及上万人利益的大型案件，抑或是只有少数人关注的小案件，叶炳坤对于工作的"用心"从未改变。在办案过程中，他还给自己提出了"高中低"的要求："高"是要发挥自身最高的法律专业水平处理好每一起案件，"中"是要保持最中立的立场分析、处理当事人的利益诉求，"低"是要以最低的姿态倾听当事人的每一个诉求和心声。

正因为叶炳坤对工作的这份坚持和用心，许多犹如一团乱麻的复杂的案件，在他的手上都能迎刃而解。领导赞誉他是法院难得的综合型人才，同事评价他是一个踏实做事的专家型法官。曾和叶炳坤打过交道的一位律师说，在接到叶炳坤签发的开庭传票后，都会提醒自己多看几遍卷宗、多研究两遍相关法律问题，否则可能"无以应对"。

2009年，叶炳坤承办了夏新电子股份公司破产重整案，这是福建省首例上市公司破产重整案件。这一案件所涉及的利益群体有6万余家、总债权数额高达26亿余元，在全国同类案件中都属罕见。在审理案件时，叶炳坤创新性地提出了第三方托管、反向保全等多项制度和举措，使得这一案件在短短两个月时间内获得高票支持通过重整计划，依法最大限度地保护了人民群众的利益，也帮助夏新公司获得了重生。

理大案，他认真执着；办小案，他也毫不马虎，坚持以严谨、审慎的态度处理。也正是因为他的这份用心，使得他22年的法官生涯中，从未因工作不当而引起信访投诉，反而得到了许多当事人的信赖和赞誉。"处理这些破产案件，其实解决的就是一个社会资源的再分配和再利用过程，因此，在这个过程中，找到双方矛盾的源头和利益平衡点就十分重要"，叶炳坤如是说。

然而，要做到利益的平衡谈何容易，要说服当事人进行和解更不是件容易的事。"法律的艺术，既是公正的艺术，也是温情的艺术。只有用心换心，才能了解当事人的真正诉求,才能做到定纷止争"。正是抱着这种"以心换心"的真诚,许多当事人愿意给予叶炳坤信任,许多案件和纠纷才得以迎刃而解。厦门市有个老上访户卓某,第一次见到叶炳坤时连哭带骂,横加指责,表现出极度的不信任。"我知道这时候说什么都是没有用的,只有耐心倾听她的诉求,帮助解决困难,才能真正地化解矛盾。"叶炳坤一次次地倾听、一遍遍地向她解释法律规定,并通过各种渠道为她解决工作和生活中的实际困难。最终,这位曾扬言要与法院"斗争一生"的老上访户尽管败诉了,但却被叶炳坤的真诚所打动,从此息访。

用心追梦:坚持铸就辉煌

"一个人学习的动力来自哪里? 来源于自己的理想、信念。我的理想和信念就是成为一名合格的人民法官。"怀着这样一个"法官梦",26 年前,叶炳坤揣着 200 元,跨越两千多公里的距离,从漳州长泰的穷苦乡村到繁华的北京城求学。抄信封,当家教,动画质检员……这些活,他都做过。"那时候,白天在昌平上课,下午下课后就跑到城里面去做兼职赚钱",叶炳坤回忆道,"那时候做动画质检,几分钟的片子要来回不停重复地检查,放大看缩小看前进看后退看,几分钟的片子都是要看个几百遍的。"工作的艰辛、生活的困难并没有将叶炳坤打倒,反而让他越挫越勇,为了自己的"法官梦"不断前行。

后来,在英国留学期间,有几家国内外大企业看中了叶炳坤的专业素养和个人能力,纷纷抛出橄榄枝。想聘请他到企业里从事法律工作,结果都被叶炳坤婉言谢绝。在高薪的诱惑面前,叶炳坤选择如期回到厦门中院的工作岗位上,继续自己的法官生涯。"很多人都说我那时候如果没拒绝,可能现在就是一个身家过亿的富翁了,也不至于到如今还是个'穷忙'法官了",叶炳坤笑着说道,"不过,既然选择了一条路,那就一条路走到黑吧!"

扎根基层 22 载,叶炳坤以自己的用心和坚持,书写了一个法律人的辉煌篇章。不论是读书、干工作、做研究,他始终相信"坚持"二字。读书时坚持,取得好成绩有满足感;写书时坚持,找到问题的出路可以体会到"一览众山小"的感觉;办案时坚持,在千头万绪的线索中抽丝剥茧,找出症结,又或是当双方走到破裂的边缘,在努力沟通下握手言和,纠纷得到满意的解决,这时,法官作为纠纷解决者的价值得到了体现,那种成就感更是不可替代的。付出总有回报,叶炳坤始终相信,坚持就一定会有收获。

张丽杰:律政丽人　杰为卓荦

文/陈立之

人物简介:张丽杰,中国政法大学1985届本科毕业生,1987年毕业于中国政法大学研究生院经济法专业,现任万商天勤(深圳)律师事务所合伙人。张丽杰还担任深圳市第六届人大常委、深圳市律师协会党委书记、第十届广东省律师协会副会长、广东省第12届人民代表大会常务会员会立法咨询专家、中国国际贸易仲裁委员会仲裁员等社会职务,曾获得"全国优秀律师"称号。

初见张丽杰是在深圳的 CBD 中心福田区万商天勤律师事务所的办公室里,坐落在45层高的办公室可以俯瞰整个福田区中心区域,颇有一览众山小之感。正值下午三时,张丽杰穿着一套干练却不失优雅的西装,满面笑容充满活力地走进办公室,脸上看不出一丝疲惫,殊不知她是刚刚参加完一早上的深圳人大常委会议后立即赶回来的。现为市人大常委的张丽杰,其实已经担任了整整三届市人大代表,这一做便是整整15年……

资深女律师

"执着、大气、优雅"是同事们评价张丽杰工作态度和做人境界时用的三个形容词。的确如此,无论是她娓娓道来的谈吐还是她干练精致的衣着风格,都体现着职业女性专业和精致的表达。而她由内而外散发出来的自信和人格魅力，则尽显平和淡定和优雅的气质。这是一种由内及外的养成，是她对工作的认真执着、对事业的专注和追求、以及对生活的热爱和激情的体现，从而让别人感受到她不一样的力量和追求。曾经在两会报道中，有位女性记者用认真专注时尚的混搭词来定位张丽杰内外兼修的修为。时尚于她既是对生活品味的表达更是对社会民生乃至对议案主题关注点与现实的契合。在张丽杰看来，"你现在的气质里，藏着你走过的路，读过的书，爱过的人。"

1985 年张丽杰毕业于中国政法大学本科，1987 年毕业于研究生院经济法专业，她酷爱经济法，学习成绩一直名列前茅，毕业后她被分配到了国家农业部企业局政策法规处工作，参加经济立法工作长达七年。1994 年正值改革开放时期，张丽杰来到深圳，一手创立如今在深圳鼎鼎有名的万商天勤（深圳）律师事务所，2010 年 2 月她加入北京市金杜（深圳）律师事务所，任党支部书记、管理合伙人。如今她回到自己当初创办的万商天勤律所，一直担任创始合伙人、主任律师、管委会成员。

从开始做律师起，她便凭借着她突出的经济法学科特长，接下不少企业改制重组项目和政府投资项目，成为当时深圳市最早介入政府法律业务、城市旧改法律业务的律师之一。满腔热情、刻苦工作的她不断进步，如今她在各大企业及公司集团的综合法律服务、政府重大投资项目、房地产开发及工程建设、城市旧改项目、公司改制重组等重大项目中游刃有余，而曾经规模较小的万商天勤事务所也发展成为以北京为总部，在上海、成都、重庆等地都设有办公室的全国优秀律所。

"我很喜欢看传记，通过读不同时期的成功人士的传记，我发现所有的成功人士在工作效率和工作风格都有些共同点，一个是追求高效，一个是专注。我做事情也是要求自己一定要注重效率，想到的就一定要马上去做，同时我做事也十分认真，总是希望能够穷尽所有的方法把一件事情做好。"追求高效，做事专注，成就了这位叱咤深圳律师界的女律师。

"议案达人"

张丽杰除了是一位律师,她还有一个重要的社会职位——人大代表。2000 年她当选为深圳市第三届人大代表,两年后又当选为广东省人大代表。如今,张丽杰已经连续担任了三届人大代表。不久前,她又当选为深圳市的人大常委。

在网上搜索"张丽杰"这个名字,则会出现各大媒体在每一次人大会议上对张丽杰所提出的议案进行的报道,媒体记者们都称她为"议案达人",而这个称号她当之无愧。以 2017 年刚刚闭幕的广东省第 12 届人大会议来说,会上仅入围的两件议案均来自深圳团,而这两份议案都来自于张丽杰精心准备的一二号民生议案以及空气污染防治和职业教育立法议案。在省人大五年的履职中,张丽杰所在的深圳团提出的 18 件议案占比大会议案的六成多,其中有 13 件来自张丽杰。议案内容"质量高、素材充实、主题突出"是人大立法专家的客观评价。

在张丽杰的三届人大代表履职期间,她先后提出 100 多件议案,其中 90% 都与法规的制定和修改相关。每一次的人代会召开前,张丽杰都会认真收集资料,参加调研。她提出的议案关乎社会热点,贴近民众呼声,加上准备认真,她的议案质量有目共睹。15 年来,张丽杰所提出的近一半的立法议案已经得到采纳。

"能当上人大代表,是我们律师界的骄傲,我代表的不是我个人而是我所在的律师行业。我必须把我们这个行业的声音表达出去,这是我的责任,我必须认真。"张丽杰认为,履行人大代表的职责,秉承的是法律人的历史使命感,怀揣的是中国法治梦,应该利用好自己的专业知识,积极推动立法,弥补法律的缺失。

作为律师,张丽杰所提出的议案都与自己的工作实践息息相关,身为一名女性,她特别关注妇女权益保障问题。张丽杰曾经代理过家庭暴力的案件,在社会救助机构里,她也曾接触到受家庭暴力伤害的妇女。在代理案件的过程中,她发现在反家庭暴力上有许多法律空白。在做了广泛的调研和资料搜索后,张丽杰向深圳市人大提出了关于制定反家庭暴力法规的建议,而该建议现在已经被纳入深圳市的地方立法计划。

此外,关于修改《广东省法律援助条例》《关于选拔优秀律师担任法官检察官的建议》《深圳市经济特区律师条例》等50多件议案都在历届人大会议上被列入了广东省或深圳市的立法计划中。

15年间,身兼律师和人大代表的双重角色让张丽杰常常感觉到自己的责任重大。"汝欲学诗,功夫在诗外",这位称自己是"社会法律工作者"的张丽杰,在认真地履行着自己的每一份职责。

深圳女律师界的引领者

"张律师是我们深圳女律师里的领头人,是我们女性律师学习的榜样,她特别亲切,非常热心提携晚辈及年轻律师",一位在律师协会任职的女律师如是评价道。

张丽杰在深圳律师界是深圳女律师的引领者。自2004年开始,张丽杰便成为了深圳律师协会第一位女副会长,并经常组织深圳的女律师们参加各种活动。她率领女律师参加法律公益事业,为弱势群体提供法律援助;她组织女律师走进社区、学校和工厂,为他们提供法律培训与咨询;她带领女律师一同参政议政,为律师行业的发展奔走呼吁;此外,她还常常组织女律师们一起,参加体育赛事、读书会和分享会,"我们会一起参加社会活动,一起看一部电影,品一本书,一起跑一场马拉松,挥洒汗水……我们在用自己女性的视角,去观察社会,用专业优势,去奉献社会,彰显女性力量。"

在张丽杰带领下,深圳女律师呈现为一个非常有凝聚力的团体。她总是感慨,她特别庆幸深圳有这样一批女律师,对生活和生命都很有激情和热情,富有智慧和才华,充满理想和目标,投入到法律事业,享受工作取得的成就。

"现在的女性更加追求独立，更加追求职场的话语权，我现在越发觉得自己在这个职场上很有底气，原因便在于有这样一群好姐妹在身边支持着我。"

张丽杰完美地诠释了当下职场女性，尤其是女性律师的风貌——自信、认真、敬业。"我常常觉得女性挺适合做律师的，现在法治环境变得越来越好了，而女性注重细节、表达能力强的特点在律师这一行业非常有优势。"她如是说道。

越有成就的人，就会越谦逊。已经毕业将近 30 年的张丽杰，面对自己事业上的成就，总是表现得很谦虚。她说"人在浩瀚的世界前总是渺小的，在经历过那么多人生故事后，应该要回归社会，做一些看上去微不足道的却利他的事情，这些才是生命的滋养。"

于是，近年来她一直热心法律援助和社会公益事业，她带领深圳多名女律师参与了深圳市妇联法律援助组织，为妇女儿童和弱势群体提供法律服务。如今，在她的办公桌旁挂着一块捐助江西一所希望小学的牌匾。

"生命也是可以有轻描淡写的"，在她的微信朋友圈里，她如是写道。

殊不知，生命从来都是——没有浓墨重彩的一撇，便没有轻描淡写的一捺。

张丽杰，这位杰出的法大校友，在用她认真、执着的方式，继续书写着属于自己的"浓墨重彩"和"轻描淡写"。

李伟斌：用生命书写传奇

文/陈靖

　　人物简介：李伟斌，男，1961 年 6 月生，汉族，湖南人。先后就读于中国政法大学（1979—1983）、中国社会科学院研究生院（1983—1986）、香港大学法学院（1989—1993），他是 1949 年以后第一位在香港大学获得法律学士学位并取得香港律师执业资格的中国内地律师，也是第一位在香港创办律师行的中国内地律师。1999 年 7 月 13 日，李伟斌创办了以自己名字命名的律师行——李伟斌律师行。现为香港最大的华人律师行之一。

　　李伟斌于 2006 年 2 月通过美国纽约州律师资格考试，并于 2006 年 10 月获得美国（纽约州）律师资格。至此，他成为全球唯一同时拥有中国、中国香港地区、英国和美国（纽约州）律师资格的律师。李伟斌早在 1997 年就被权威刊物《香港法律界名人录》选为"香港法律界杰出人物"，现任中国委托公证人、香港婚姻监礼人、海南省政协委员、中国政法大学客座教授、中国政法大学香港校友联会会长、中国社会科学院研究生院香港校友会会长。丰富的法律知识和踏实的工作作风，使他在香港这片国际化的土地上演绎着创建普通法系下华人国际性律师行的人生传奇；全球性的视野和前瞻性的思维，使他在有限的空间内创造着海阔天空的事业；对祖国强烈的归属感和真诚奉献的人生理念，使他在坎坷而漫长的创业路上坚定而自信地前行。李伟斌，在他平凡的外表下，总是闪烁着智慧的灵性和理想的光辉。不难发现，正是从内心深处散发出的严谨、谦逊、内敛、自信和坚韧，让他的律师身份充满了独特的人格魅力；也正是由于他崇高的社会责任感和使命感，赋予了这个身份最好的价值诠释。

恰同学少年风华正茂

李伟斌原籍湖南，1961年出生在广东边城汕头一个普通的政法干部家庭。父母的一言一行潜移默化地影响着他，培养了他同样正直、善良、勤奋、助人为乐的优秀品质。"文革"中他过了一年插稻秧、种番瓜、垒梯田的知青生活后，又进工厂当了一年的工人，从事了钳工、车工等几个不同的工种。他非但没有在艰辛的生活中消沉，反而虚心向工人农民学习，正是这种坦然面对生活，勤劳、刻苦、坚强的性格，使他后来可以从容面对无论是繁重的学业抑或是繁忙的工作中的任何艰难困苦。

1979年，18岁的李伟斌迎来了第一个转折点——年轻的他参加了全国文科高考。在等待高考发榜期间，一次偶遇，李伟斌以他青春的朝气和独特的气质，幸运地成为广东省当年唯一被选中并到人民大会堂工作的男服务员。正当李伟斌准备在这平凡却重要的岗位上展示能力和才干的时候，他收到了北京政法学院（中国政法大学前身）的录取通知书。犹豫之后，他带着领导和同事的祝福来到北京。

刚入学，他被分到英文程度较差的丙班。但是经过一年刻苦学习，他的英语水平大大进步。于是他"混入"特快班蹭课，却被明眼的老师发现了，故意全部用英语来授课，看到他对全英的课堂还很适应，就让他过几天参加特快班的考试。没想到他的成绩名列前茅，被破格吸收为特快班学员，实现了英文课业四级跳，一时传为校园佳话。

1983年，李伟斌以优异的成绩毕业于中国政法大学。此时，中国社会科学院研究生院也正面向全国招生，其中法学所招考的"国际经济法"专业研究生只有一个名额。考生强手如林，难度可想而知。发榜时李伟斌独占鳌头，成功入读中国社会科学院研究生院。

天将降大任于斯人

1986年底,随着中英联合声明的签署,筹备香港回归的工作也逐渐明朗。由于大陆和香港两个地域两种法律体系存在着很大差异,各种法规的制定和研究亟待先行。在这个背景下,李伟斌从北京被选调到新华社香港分社(中央人民政府驻香港特别行政区联络办公室前身),从事香港经济和法律的研究工作。

1989年,李伟斌再次从诸多同行竞争者中脱颖而出,作为唯一被选拔出的内地律师,以本科生的身份进入香港大学学习普通法。李伟斌凭借自己百折不挠的刻苦,以钢铁般的意志攻克了枯燥而深奥的法律英语,完成了自我的蜕变和升华,并以优异的成绩完成香港大学四年的学业,赢得了老师和同学们的尊敬。同时,他还通过了香港地区、英国律师资格考试,进入香港一家大型国际律师行工作。经过两年的专业实习,1995年11月4日,李伟斌作为第一位中国内地律师在香港地区取得了律师资格。这一天,对于李伟斌来说是一个难忘的日子,对中国内地律师界来讲也是一个里程碑——一个年轻的中国律师即将宣誓成为普通法系的香港地区律师。在宣誓时,主持宣誓的大法官也情不自禁地对他投以热切的目光。

江山代有人才出

1997年是香港回归祖国的重要年份,而对李伟斌而言也是一个丰收年,他先后参与了三个著名公司的上市项目:大唐发电股份有限公司(H股)、山东晨鸣纸业集团股份有限公司(B股)和第一拖拉机股份有限公司(H股)。这些项目都具有其特殊的意义:大唐发电股份有限公司是中国内地企业首个在伦敦和中国香港地区同时挂牌上市的公司;山东晨鸣纸业集团股份有限公司则是全球首家既发 B 股、A 股,又发可转换股债券和 H 股的公司;而第一拖拉机股份有限公司,是中国内地最大的农机企业,拥有中国最著名的品牌之一"东方红"。

从小唱着东方红长大的李伟斌对第一拖拉机股份有限公司在港上市的业务情有独钟。面对同行激烈的竞争,李伟斌曾怀着坚定的信念对拖拉机厂的负责人保证:"无论付出什么样的代价,我一定会做好这个关系祖国声誉的项目。"他凭借深谙中港两地法律的优势,以独到的思维方式把这个案子做得非常圆满。在他和他的团队的共同努力下,第一拖拉机股份有限公司获得了许多机构投资者和个人的争相认购,并在香港金融风暴后股市的一个小反弹阶段,伴随着东方红的乐章闪亮上市,成功融资 16 亿港币。

这三个案例的成功让李伟斌的名字蜚声香港律师界,他的专业水平亦得到了业界的充分认可和肯定,许多香港法律界名人事后纷纷感叹后生可畏。这一年,李伟斌被香港权威刊物《香港法律界名人录 1997》选为香港法律界杰出人物。同年,李伟斌成为一家国际律师行的合伙人,踏上了事业的新台阶。

1999 年 7 月,李伟斌建立了自己的律师行——李伟斌律师行。短短的 9 年的时间里,李伟斌和他的团队创造了很多香港法律界的传奇。天津创业环保股份有限公司在香港挂牌上市,它的解决方案是香港资本市场上第一只涉及 H 股和 A 股同时收购、重大资产置换及重新上市等复杂技术问题的经典之作。这些个案的成功使李伟斌的专业水平进一步提升并得到了客户和香港法律业界人士的一致认可。

其中最为经典的案例发生在 2006 年。中国交通建设股份有限公司准备在香港上市,早在 2003 年,这个项目就已委托世界排名前 10 的两大国际律师行与三个大投资银行同时联手运作,然而到了即将上市的前夕,却出现了一个难以解决的跨境法律难题。两大律师行历时一个多月的努力,都没能找出令人信服的解决方案,他们建议中国客户搁置项目或改变上市方式。如果中国交通建设股份有限公司接受这个建议,所有的前期工作都需要调整或推倒重来。这将会给国家造成巨大的损失,而这个损失以天价形容也毫不为过。情急之下,负责组织上市的中国交通建设股份有限公司的领导,通过其他人的举荐找到了李伟斌,请他帮忙尽力找出解决这个难题的方案,以避免损失。当时是2006年8月1日下午6点半,李伟斌接到这个非比寻常的电话后,立刻召集自己律师行中不同专业的佼佼者,集思广益,群力群策。经过通宵达旦的讨论,他们将各自所精通的内地法律、香港法律,特别是建筑法、公司法和上市规则的相关知识融会贯通,并结合中国政府行事方式和中国香港特别行政区政府迥然不同的办事原则,制定出一个恰到好处的解决方案。第二天一早8点,李伟斌一行人乘头班飞机到达北京并直奔会议地点,向与会者陈述了这个解决方案,话音一落,全场鸦雀无声。至此,两大国际律师行耗费了一个月之久都解决不了的难题,被李伟斌律师和他的团队一宵破解,为国家挽回了巨额损失。中国交通建设股份有限公司亦如期顺利地在香港交易所挂牌上市。2005年,正处于事业高峰期的李伟斌,做出惊人的决定:应考美国律师资格。每天,李伟斌在处理完大量的工作后,都要把自己关在办公室里复习考试资料直到深夜。一年后李伟斌年终于考取了美国纽约律师资格。至此,他成为全球首位拥有中国、中国香港地区、英国和美国纽约三国四地律师资格的律师。

路漫漫其修远兮

李伟斌为了实现建立华人普通法系国际性律师行的目标,开始了他的艰苦创业过程。1999年香港经济步入了严冬,当时李伟斌所在的律师行也遭遇了业务大量下降的危机。该行首席合伙人在沉重的成本压力下,要裁掉李伟斌主管的做内地业务的团队。李伟斌努力为自己的团队争取而无效,与几个朋友商量后,李伟斌决定自立门户。但命运这次和李伟斌开了一个残酷的玩笑:原本商量好一起开律师行的朋友因对经济前景没有把握,全部临阵退缩了。面对这个工作以来碰到的最大的危机,李伟斌表现出了破釜沉舟的勇气,决定以一己之力把律师行开起来。终于,1999年7月13日,一个以他自己名字命名的律师行——李伟斌律师行开业了。开张之日,小小的一间办公室里,只有他自己和他的秘书。

李伟斌恪守以人为本的用人理念，以自己卓越的人格魅力和待人以诚的态度，把很多华人律师精英紧密地团结在自己的律师行里。在香港经历"非典"时期，经济低迷，各行各业减薪裁员成风。但李伟斌律师行不但不减薪不裁员，反而竭尽全力关照员工，一起共渡难关。这种行为在香港这个成熟的以企业绩效为首位的商业社会堪称绝无仅有，令业界同行刮目相看。就这样，李伟斌律师行经过9年艰苦卓绝的奋斗，发展成为香港最大的华人律师行之一。几年来，他们除了上市项目外，还承办了收购合并、银行、建筑、诉讼、移民、知识产权和房地产买卖、租赁、抵押等法律服务等案件6000余件，其中包括2005年协助安哥拉国家石油公司根据香港法律完成了一笔30亿美元的贷款业务，创下该年度全球银行双边贷款之最。目前，李伟斌律师行在李伟斌的精心打造下已初具华人普通法系国际律师行的雏形。

李伟斌是一个拥有高度民族自尊心和强烈社会责任感的人，他时刻关心着祖国的命运，热爱祖国的赤子之心从未改变过颜色。他最重要的目标，就是要把李伟斌律师行打造成为世界上第一家普通法系下华人大型国际性的律师行。随着中国经济的"和平崛起"和目前普通法系华人法律服务的缺失，在香港创建以华人为主的普通法大型国际律师行就成为中国企业国际化的一个必备的配置。只有建立起普通法系的华人大型国际律师行，才能既从法律上有效维护国家经济安全、主权利益、经济利益，同时又能促进香港地区和国家的法治建设，这对于国家正在实施的"走出去"战略具有极其重要的现实意义。

西方国际律师行历经200多年的发展和不断完善，时至今日，不仅拥有全球一流的人才，也积累了许多深厚的沉淀。他们在普通法系法律服务的国际市场上，占据着绝对的垄断地位。李伟斌深深地知道，要打破这样的垄断局面将任重而道远，绝非一朝一夕之事，甚至穷其毕生的努力也不一定能够完成。它非常需要华人有志青年同心同德地进行长期的努力，更需要社会各界的关心和国家的全面扶持。他说，他热爱法律工作，会竭尽全力以自己的学识和能力在祖国迈向法治的过程中作尽可能多的贡献，希望可以工作到 90 岁。

出生于粤南,求学于北京,创业于香港的李伟斌,不断以自己的行为维护着祖国崇高的威望。他在为人民的权利而工作,为社会的公义而奔走,为国家的利益而奋不顾身。他正在用自己的生命书写着一个华人法律工作者充实而绚丽的传奇。

张雄伟:念念不忘,必有回响

文/张楚立

人物简介:张雄伟,男,40 岁,1999 年毕业于中国政法大学,先后在浙江省工商局下属《市场导报》社、浙江省工商局机关任职,2014 年进入浙江君安世纪律师事务所,2016 年成为北京炜衡(杭州)律师事务所高级合伙人。工作中一直踏实肯干、仔细耐心,在担任律师期间,全心全意为当事人维护合法权益,深受当事人好评,成功处理投资人与中国大型期货公司的期货合同仲裁纠纷等案件。目前同时担任浙江省消费者权益保护委员会委员、维权志愿律师、相关政府职能部门法律顾问等。

恰同学少年,风华正茂

"你大学准备读什么专业?"

"我想学法律! 你呢,你想去读什么专业?"

"我比较喜欢做生意,贸易这一块的,就去读经济吧!"

那么去哪里呢,哥俩就商量。

"不如去远一点吧!"

"北京吧,北京怎么样!"

"好！就去北京！"

这是两个少年在高中时的一段对话。

后来，他们真的一起考到了北京，喜欢法律的那个孩子叫张雄伟，被中国政法大学录取，而另一个想学经济的孩子是他的同桌，被对外经济贸易大学录取。

"到现在我俩还是很好的兄弟！"坐在我面前的张雄伟如是说。

头发梳得很精神，两鬓微白，讲起话来中气十足，不时发出爽朗的笑声，这就是张雄伟。张雄伟是浙江诸暨人，"我是来自农村的孩子，打小就对公检法有着敬仰之情，当时对法律可能也不太了解，只是从一个感性的层面上喜欢法律，长大了就是想从事法律工作！"

回忆起当时被法大录取的情景，张雄伟眨着眼睛，闪烁着怀念的光芒。"当时火车上就认识了好多浙江老乡，因为看到各自的行李袋上都贴着'中国政法大学'的标识，大家互相打招呼，好不亲切！"他说当时下了火车，就由校车接去学校，结果校车开了很久也都没到，而且越开越偏僻，一帮老乡就寻思着校车这是要开到哪儿去呀，担心是不是要把他们给卖掉，说到这儿他忍不住笑了起来。最后车终于停下了，一群人就这么来到了昌平，看到校门口写着"中国政法大学"墨意淋漓的六个大字，心中不免豪情激荡。

1995 年，张雄伟被法大录取，专业则是学校新设的企业管理专业，主要为企业培养法务人才。他于此时开始真正接触法律，在心底埋藏多年的法律梦也在这时正式扬帆起航。因为专业培养的是既懂法律又懂企业的人才，所以当时排的课比较杂，除了一些基本的法学专业课以外，还要修习数学、管理学、宏观经济学等课程，法学专业课程的数量相对于法律系的同学要少。

"那这个对我来说，肯定是吃不饱的啊。那我想，就自己去多学一点呗！"因为跟国经系的同学相熟，张雄伟就经常去蹭国经系的课程，"我记得那时候讲民法的，有李显冬、姚新华老师，刑法呢是曲新久老师。"张雄伟讲起当时上课的情景，声情并茂，仿佛那些旧岁月从来不曾走远，在他的描述下，显得是那样鲜活。讲起当时的同窗好友一起念书、一起游玩，"把昌平这个地方东南西北都走遍了！那时候我们要去市中心，也跟你们现在一样，叫进城！"他说着又笑了起来,"像在政法大学里那样快乐的时光,一辈子,也就那么一回!"

事与冀盼有落差,请不必惊怕

1999 年政府机构改革,就业形势较差,毕业的张雄伟进了浙江省工商局,被分配到作为事业编制的报社,成为一名记者。"那当时确实是比较痛苦的,相当于是和自己的专业完全不相干的嘛!"只好一切从头学起,"在问题面前,抱怨是没有用的,我们要做的,是去想办法解决。"张雄伟在一次次报道的经验积累中练就了一身扎实的记者基本功。之后便专注于做维权报道,"也算是和法律有关了,曝光侵权事件,为消费者维权。"

说起印象深刻的报道,"广西北海市政府一地二卖",受害当事人希望通过媒体进行呼吁,并引起全体浙商的警惕。当时在《市场导报》的张雄伟在梳理整件事情之后很快做出报道,赢得了社会对这一事件的广泛专注。

而 2001 年的"卡西欧事件"更是为中国消费者争了一口气。卡西欧计算器是中学生常用的计算器,受众庞大,而"卡西欧事件"指的正是该品牌的两款计算器存在一定的计算误差。自张雄伟在《市场导报》最先发文曝光这一问题后,卡西欧公司从最开始的不以为意,到越来越重视,聘请律师进行处理,而浙江省工商局和消费者协会方面也组成了律师志愿团。《市场导报》虽然在各路媒体中是最小的媒体,但作为消息源最先发声,所以是核心媒体。双方律师团队的每一次内部协调,张雄伟作为《市场导报》的记者都会在场参与协商、议定方案。"也许所处的平台是比较小,但只要有一颗为消费者维权的拳拳之心,还是可以发出自己的声音!"最终卡西欧公司承认计算器存在一定的计算误差,并向中国消费者公开赔礼道歉,《市场导报》后来也一举夺得"浙江省好新闻"一等奖。我(本文笔者)笑着对他讲,这也影响到了我的生活,因为上初中的时候,大部分同学用的也是卡西欧牌子的计算器,要是没有他的维权报道,说不定我们还不知道初中时我们手上用的计算器是有瑕疵的。

买楼的群体事件、光明乳业以乳酸菌饮料充当酸奶、嘉兴市民营医院虚假医疗广告问题等等,张雄伟回忆起过往自己做过的维权报道,仍旧历历在目,"那时候任务重、工作量大,但是自己也有激情,每天都加班到一两点钟,这些白头发就是那时候生的嘛!"他笑着指了指自己的头发。之后张雄伟又在《市场导报》做行政工作,一个人要管理财务、人事、后勤保障、车辆等多个项目,"很忙碌,不过也很充实!"

兜兜转转,终于又回到最初的起点

"当时浙江省工商局要找一个又会写、又懂法、又懂管理的人。"于是张雄伟就被调到机关里去了。"工作模式和工作节奏跟原先做媒体有很大的差别。"张雄伟说,"我呢,确实是个闲不住的人。"就寻思着要不看点书,考个试什么的,结果就想到了去考司法考试。"我印象很深的,是 2012 年吧,6 月 25 号,我上网一看,那一天正好是司法考试报名的最后一天! 我就赶紧报名了。"张雄伟在七月份拿到准考证后就开始看书、听网课,"刨去一些出差的时间,大概准备了两个月吧,当时从考场出来也没什么感觉,不知道自己能不能过,后来出成绩的时候马上去查,过了! 还真的是蛮高兴的!"他发出爽朗的笑声。在 2013 年上半年拿到证,张雄伟就萌生了当律师的念头,领导很器重他,不想他离开,但也尊重他的选择,"局里的领导、同事都对我很好! 他们说这里还是我娘家,有空也要常回来看看!"

不忘初心,方得始终。念念不忘,必有回响。

打小在心田上种下的法律之梦,在法大读书之时发芽,时至今日终于长成参天大树。张雄伟离开机关来到浙江君安世纪律师事务所成为了一名律师,"第一天,就接了一个案子!"当事人说是一个期货索赔纠纷,他仔细分析了材料后,发现这只是一个套着期货专业知识"外套"的合同纠纷案件。法律人,就是要有这样的能力,一大堆材料交给你,你要分析整个案子的逻辑,在最基础的地方找到突破口,从而破题。这个案子办得很成功,当事人非常感谢他。张雄伟感觉"一开始就很适应律所的工作状态。"在 2015 年,他又成为了北京炜衡律师事务所杭州分所的高级合伙人。他说："确实是这样的，对法律的情结这么多年来一直没有断过，现在真正成为一名律师，对自己的工作很喜欢！"因为有过行政管理的丰富经验，张雄伟也在现在的炜衡所里担起了管理方面的重任。

就像我（本文笔者）喜欢的词人李宗盛所说的那样，其实人的一生中，每一个努力过的脚印都是相连的，它一步一步带着我们走到今天，成就了今天的我们。人生大概没有白走的路，有一步算一步，每一步都算数。

在整个采访过程中，张雄伟一直非常谦虚、亲切，"我也没做出什么大成就，只是这么多年来对母校一直也很有感情，采访谈不上，咱们就是很简单地聊聊天吧。"他还把《法大人》浙江分刊拿出来，与我（本文笔者畅）聊在分刊里出现的校友们，因为有过做编辑的经历，所以他也直接负责了《法大人》浙江分刊的编辑工作，"这个也算是老本行了！"张雄伟说。分刊的内容丰富多样，有校友的事迹、文章、发言稿等等，其中让我印象很深刻的是别出心裁的"夫妻法大人"专栏，记录了法大夫妻自学校里相识、相恋，一直到今天的点点滴滴。简单翻阅三期《法大人》的浙江分刊，能明显感觉到张雄伟的排版简洁大气，带着法律人特有的干练。

张雄伟一路走来：儿时就埋藏在心底的法律梦，被法大录取接受自己喜爱的法学教育，毕业后成了一名维权记者，兢兢业业地为消费者维权，后来又做过编辑，干过行政管理，进过机关单位，最后又终于回归初心，成为了一名律师。

也许我们都一样，一直在努力，在结果上不必过分执着，相信如果真的念念不忘，一定会听得到动人的回响。

张用江：博学笃行，厚德明法

文/张宇涵

人物简介：张用江，1987年毕业于中国政法大学，获法学硕士学位。现任湖北立丰事务所主任、高级合伙人，湖北省律师协会副会长、湖北省律师协会直属分会会长，湖北省政府法律顾问团成员，湖北省侨资企业法律服务顾问团首席法律顾问，湖北省法学会理事、湖北省法学会民法学会副会长、湖北省法官检察官遴选委员会专家委员、湖北省委政法委机关法律顾问。主要专业方向：政府部门法律顾问；重大影响、疑难刑事案件辩护；复杂民商事案件诉讼与仲裁的策划、协调与代理。

一名律师的追求与得失

张用江于1987年至1994年工作于湖北省高级人民法院从事审判事务与法律教学工作；1995年至1998年在中南政法学院工作，任法学研究所副所长、副研究员，为本科生讲授民法、合同法，为研究生讲授物权法；1998年5月辞去公职，开始从事专职律师工作至今。作为法学毕业生，张用江先后从事了法官、教师、律师三个职业，最终选择了律师作为自己终身职业。在面对教师和律师这两个职业的时候，他不是没有过犹豫：做老师很稳定且有保障，但做律师则更具有挑战性、收入更高也更自由;做老师要求对法学知识有一个系统且深入的了解,而做律师则对法律知识的应用提出了更高的要求。张用江经过对比选择了律师职业,并且选择了最具有挑战性的刑事辩护作为自己的主要专业方向。

从业近20年,张用江回忆起自己代理过的诸多案件,这其中夹杂着艰辛困苦,但让他印象最深刻的却是辩护成功后当事人流下的感激的泪水。他认为律师作为法治队伍的重要组成部分,对于推动国家法治进程具有很重要的作用,并致力于通过个案来促进法律的完善和法治的进步。

然而作为一名律师,始终无法回避利与义的权衡。《中华人民共和国律师法》中明文规定律师的职责是"维护当事人利益,维护宪法和法律的正确实施,维护公平正义",但律师在维护公平正义时却是以一份包含代理费的"契约"为基础的,这就使得律师身上"既有崇高的一面,又有庸俗的影子"。律师终究不是不食人间烟火的救世主,他们也有家人,也要生活,"律师如果不收费,这个职业也就难以生存和发展,所谓维护公平与正义也就无从谈起"。同时,如同医生以救死扶伤为天职一样,律师的天职是为犯罪嫌疑人、被告人辩护。"无论犯罪嫌疑人或是被告人多么十恶不赦,接受委托或指定后,律师都要竭尽全力为他辩护,这是律师的职业操守"。大众道德不能作为衡量律师职责的准绳,我们唯有正确地看待律师这个职业,才能更好地促进法治进程。

随着党政机关、人民团体法律顾问制度的普遍建立以及律师制度改革的不断深化,律师将在法治队伍中扮演一个越来越重要的角色,与此同时,从事律师行业也存在着不可忽视的风险,例如我国刑法第306条规定的律师伪证罪就是一把悬在律师头顶的达摩克利斯之剑。张用江对未来中国法治的期待是尽快缩小法律实施与立法之间的差距,尤其"律师界同仁当有所作为,以个案推动法治的进步"。

律师当如何定义优秀

作为律师行业中的佼佼者,张用江认为想要成为一名优秀的律师,需要具备勤业、专业、敬业的素质以及积极主动、团队合作的态度与观念。勤业即对律师职业要勤奋。成为一个好的律师有很多因素，但勤奋一定是必不可少且最首要的那一个。专业则包含着深厚的法学理论功底、全面而精深的法律知识、熟练的业务技能（例如信息资料的查询检索能力、证据资料所包含的信息的阅读分析及归纳能力、法律文书的写作能力、语言表达能力以及庭审的驾驭能力）和丰富的职业经验。敬业是指对律师这个行业抱有敬畏之心，"要热爱、珍惜、尊重这个职业"。张用江认为律师执业证既可以是通向成功的敲门砖，也可以是走向罪恶的探路石，唯有珍惜这份做律师的荣誉，才能成为一个优秀的律师。他坚持对每一个客户、每一单业务、每一个案件都尽职尽责，"不敬业，也许你可以成为一个能赚钱的律师，但永远成不了令人尊敬的大律师"。在目前司法不公、律师执业环境差的状况下，张用江鼓励大家以一个积极向上的心态看待司法环境和律师执业环境，并要学会主动地去交流和沟通。"广泛的社会关系、良好的社会形象、同行的认同、法官的深刻印象，都是靠积极主动的执业心态争取来的"。张用江主张律师应当"学会放弃"，要有自己专精和擅长的项目，"律师业务的逐渐细分、客户的要求愈来愈高、律师的专业局限三个因素决定了任何一个律师不可能精通每一项律师业务"，这也就体现出团队合作的意义之所在。

博学笃行　厚德明法

在工作中，张用江是一个严谨认真的人，对待自己的徒弟也很严厉，从来不听任何借口，但据他的徒弟姜宁铭透露，张用江在工作之余会经常带着团队出游，唱歌好听，是个大麦霸，羽毛球也打得好，还会看一些韩剧。张用江说自己有两个一直坚持的习惯，一个是勤奋，还有一个就是他非常注重身体形象的维护。除了保证运动量，他还会在饮食上有所节制，人至中年，他还是保持着青年的体格与精力，一起登山时同行的年轻人都比不过他。

回顾校园生活，作为法大最早的三届法学生中的一员，张用江记得自己那时的学习环境十分的艰苦。由于宿舍楼还没有建成,他们在老师住房里住了一年半,至今坐着马扎听课的场景仍历历在目。那个时候课本尚不齐全,多半靠上课记笔记。在法大的大学生活为张用江日后的工作打下了坚实的专业基础,也为他提供了一个全新的知识体系。作为师兄,张用江建议师弟师妹们降低对未来职业的预期,也不要将自己局限于法律职业范围内,同时他建议学校将法学课程的设置与实践相结合,为大家提供更优化的学习模式。

"律师兴,则法治兴;法治兴,则国家兴。律师有三种境界:第一个境界是有高度责任心,全心全意为当事人服务;第二个境界是有社会良心,为弱势群体、为权利被践踏的人伸张正义;第三个境界是有历史使命感,敢于为中国的法治与宪政,挑战权威、挑战体制",这是江平先生的一段话,被张用江挂在自己律师事务所的墙上。张用江所在的立丰律师事务所门口写着"博学笃行,厚德明法"八个字,代表着身为一名律师的品行追求,而张用江则一直身体力行,向着这个目标不断靠近。优秀的人常保持着谦逊的心态,觉得自己做得还不够多不够好,这也是张用江几十年来一直保持勤奋的原因,愿与诸君共勉。

郑金良:敬终如始　警徽熠熠

文/方悦

人物简介:郑金良,男,1991年考入中国政法大学,现为合肥市公安局新站分局副局长。毕业后放弃北京的公务员身份,选择到合肥市公安局工作,走上了公安干警的岗位,从社区民警干起到现在,这么一干就是20多年。在工作中他时刻警省自己要明辨政治方向,不能忘却群众的利益,不能对老百姓的诉求置若罔闻,一定要秉公执法办事。

刚从24小时值班岗位上退下来,郑金良副局长又要全身心投入到新的一天工作,没有补休。如果今天下午下班还有临时性的紧急任务,那他又要24小时待在单位。采访定在了早上八点半至十点,他说这是今天从早到晚唯一有空接受采访的时段。见到我们,他略带歉意地说:"不好意思,请你们稍等一下,我先去吃个早饭。"他眼底是两抹深深的黑眼圈,显然没有休息好。他用几分钟时间吃完早饭,便领我们到分局接待室进行了采访。

从大别山到京城:立下初心

郑金良是1991年参加的高考。高考后,凭借县里文科名列前茅的成绩,选择志愿的余地很大。最终,郑金良选择了中国政法大学。谈及当初为何做出这样的选择? 郑金良说:"其实当时考虑的并不是很多,对于法治、民主、政治这些词汇,也没有多少概念,更多的是基于对中国政法工作的一种直观感性认识和理解。现在想来,恐怕还有一个方面原因,那就是当年我就读的高中虽然是当地的重点高中,但当时社会上有不少'小混混'时常到学校滋事斗殴或敲诈勒索,很多同学敢怒不敢言,老师们也是小心谨慎,只要求学生们一心只读圣贤书,没有人想到过去找公安解决问题,当时我非常不理解校领导和老师们的选择。"这些想法在现在看来很幼稚,选择法大也或许是命运冥冥之中的安排,因为与法大有缘,与法大的老师和同学们有缘!

郑金良说,刘邓大军千里跃进的大别山,就是他的家乡,当年刘邓大军的会议地址就是离他家不远的胡家祠堂。从崇山峻岭的深山老林考入京城,他心情激动了一个暑假,因为他是那个小村庄第三个大学生,第一个名牌大学生。走出家门,先要走上两个小时的山路,再沿崎岖的山路坐三小时的客车才能达县城。他第一次离开县城,独自一人来到了北京那么远的地方。从极其闭塞的山里,到北京这样的大都市,在中国政法大学学习,郑金良觉得,许多年的寒窗苦读没有白费。他下定决心,要把书读好,把法律学好,别让大学四年白白荒废,毕业后哪怕平平凡凡,也一定不能有愧于中国政法大学。

学习生活在法大:心怀感恩

郑金良清楚记得,当时法大一年的全部学杂费是 238.5 元,学校每月还发放 20 元左右的生活补贴和大约 25 斤左右的粮票。郑金良家里困难,父亲在他 12 岁那年病逝。大学第一学期,他怀揣姐夫给的 600 元现金独自一个来到北京,学习期间姐夫又寄了 100 元。他省吃俭用,细水长流,靠这钱支付了第一年的学杂费,支撑了一个学期的花销。当时同学们的生活条件普遍都不好,许多同学的父母都是土里刨食的庄稼汉。郑金良记得很清楚,当时在校医院看病挂号费是 5 角钱。入校第一年,因为不适应气候寒冷、风沙弥漫的北京,他经常生病,成了校医院的常客。校医院的医生、护士对他非常照顾,有时看他一个人在北京,生活又困难,会提前帮他把药熬好,对他特别照顾。老师和同学们也对他非常关爱,他和当年的老师至今还有联系,比如他当年的辅导员老师夏华。

回忆起当年学校食堂的饭菜,与当时其他大学相比很是便宜。校领导对学生伙食及卫生情况非常重视,经常看到校领导去食堂检查。毕业20年同学聚会,一起去食堂吃了当年同学们喜欢吃的蘑菇菜、肉馅饼、午餐肉等,共同回忆当年同窗的美好时光。时光荏苒,岁月不止,回想在法大的时光,酸的、甜的、苦的、辣的,现在都是幸福的。

毕业时,郑金良那一届毕业生正好处于国家分配转向双向选择职业的过渡期,学校不包分配,学生们可以自己去找工作。郑金良记得,当年校长在毕业大会上讲,学校保证每个同学有工作,如果找不到工作,回来找母校。与现在不同,他们那一届很好找工作,并没有很大的就业压力。郑金良已经获得了北京市公务员的资格,但当时1000多元的巨额城市容纳费和北京的气候让郑金良最终没有选择留在北京。在几个录用单位中,合肥市公安局的录用通知最晚送到。也许受学生时代喜欢阅读侦探小说的影响,没有那么多深思熟虑,循着感性的指引,郑金良选择了离老家最近的合肥市公安局工作,走上了公安干警的岗位,这么一干就是20多年。

从警路上的追求:积蓄正能量

来到公安系统后,郑金良被分配到分局法制部门工作。后来,他主动要求调到派出所,干了五年多的社区民警,也就是老百姓俗称的"片儿警",负责查户口、办暂住证、执法、为民众调解纠纷。许多让人颇为焦头烂额的治安案件、各类纠纷,经过郑金良的处理,均得到了妥善解决,没有一起被投诉或上访。

在郑金良负责的社区,有过这么一起案件:辖区钢铁新村的楼上楼下紧邻两户人家,楼下搭棚,楼上不满,担心小偷踩着棚子"登堂入室"。于是楼下提议帮楼上装防盗窗,楼上认为小偷可能爬上防盗窗去三楼盗窃,留下安全隐患,自己负不了责任,不乐意,一定要楼下拆了棚子,楼下坚决不反对,双方也不愿去法院诉讼。就这么一个简单案件,双方前前后后、打打闹闹共有四五年时间,最后闹到你拿棍子我拿斧头的地步。派出所基本上有一半以上的民警接处过他们的报警,就是调解不了,成为派出所最为棘手的纠纷之一,直到郑金良接管这个案件。

先后多次找双方调解未果后,一天上午,郑金良把当事人叫到办公室里,翻出准备好的法律条文,拿出专门从中级人民法院民庭调取的有关调解文件,对两人晓之以理,动之以情。"今天上午喊你们双方来的目的不是调解案件,而是让你们学习法律条文和法院有关调解文件,不懂可以问我,我给你们解释,如果不相信,你们可以拿着我给你的法律条文去找熟悉的律师、法官咨询,看看我的调解是不是客观公正"。郑金良还为他们算了一笔经济账和心情账,"为这事去打官司,找律师要费用,诉讼费也是要缴的,也是一样结果,还要多付一笔费用,而且大家左邻右舍的,低头不见抬头见,天天吵吵打打的,心情也不好,何苦较劲呢?"被郑金良的真心和诚心感动,经过这么拨云见日的劝说,两家终于达成了和解。看着两个曾经多年的"仇人"一同走出派出所,一同打车回去,争付打车费用,郑金良内心颇觉欣慰。

"各让三尺又何妨",理虽简单,但是"秀才难断家务事",真正处理家长里短的案件和纠纷,尤其是想要成功化解一段积累了四五年的矛盾,殊为不易。为调解这起案件,郑金良在私底下做了很多功课。他要到素未相识的中级人民法院庭长的联系方式,打电话过去,请求调取法院内部关于民事调解的有关法律、文件。连庭长都被打动了,说从来没有哪个民警想过到我这儿调取文件,特意来请教我的,你是第一个。郑金良这才顺利拿到内部调解文件。作为法大走出来的公安民警,郑金良善于用法律和规则去处理问题。他发现,靠感情协调,凭经验办事,都不如以法律为准绳,一把尺子量到底来得实在。

从警路上一路走来,郑金良在工作中时刻警省自己要明辨政治方向,不能忘却群众的利益,不能对老百姓的诉求置若罔闻,一定要秉公执法办事。"做一个有立场、有良心、讲正直、敢负责任的人。"这是郑金良反复强调的一句话。

无怨无悔的选择：继续前行

　　除了社区民警，郑金良还干过许多不同的岗位，从派出所副所长、政治部训练处处长、宣传处处长、队伍管理处处长，到警令部副主任兼调研处处长，去年他因长期伏案导致颈椎病，主动要求到分局工作，成为了公安分局副局长。公安工作任务十分辛劳、奉献多、工资待遇不高，一位 30 多年始终保持联系、事业有成的老同学许以高薪，多次劝说郑金良下海帮他做教育，他说，我已经习惯并热爱上了公安工作，下海对我来说是个陌生的领域。同学对他的执着无可奈何。

　　合肥公安精神是"忠诚、公正、尚学、奉献"。20 多年的从警生涯，郑金良对公安工作有很多思考，他说：社会上有很多人，对公安工作存在一些看法和误解，一些负面个案遮掩了广大公安民警为国家安全、社会稳定、经济建设、人民群众安居乐业而作出的牺牲和奉献。公安民警时时有流血，年年有牺牲，虽然现在有很多有识之士已经认识到并且开始呼吁，这是一件很值得欣慰的事情，但公安体制机制、执法任务、警力现状、执法环境存在的问题，以及公安自身的执法规范化建设、队伍管理问题，也是一个急需解决的系统工程。

　　公安工作强度大，危险多。对民警来说，在工作岗位上累倒或受伤，已经司空见惯。长丰县局"一级英模"李庆就是在单位连续加班几个昼夜后，回家倒头就睡，终因心力交瘁去世。2008 年南方大雪，合肥交通民警张新民在保障高速公路交通安全时，鲜血染红白雪……郑金良当年都参加了这些英模人物事迹采写与宣传工作，感触很深。连续 24 小时值班第二天不休息甚至还要加班，是再平常不过的事，五个工作日当作十个工作日用，在公安系统都是家常便饭。他坦言，在公检法里，公安是最辛苦、危险性最大、责任最大、任务最重，接触的社会阴暗面是最多的。有人说，别人一辈子接触的社会阴暗面，没有一个基层公安民警三年接触的那么多。

　　郑金良的话很朴实，道理很简单。他说，从农村到城市，从农民到干部，能够走到现在,非常感谢一路上遇到那么多良师益友。他很满意,很感恩。作为警察,他愿意用感恩的心、珍惜现在的工作。他始终记得自己是政法大学的学生,奉法至上,要善于学法、护法、用法,注重用法律的规则去解决问题,用法、用情多做有益于公安工作的事,多做有益于社会的事。

寄语母校的师弟师妹,他希望同学们珍惜法大四年的美好时光,好好学习。走上社会后,要奉法至上,用宽阔和感恩的心,容人容事,以良好的心态,百倍的信心,踏实地工作,做一个勇于担当社会责任的法大人。

不愧头顶警徽,不负心中校徽。20 年如一日,郑金良以他自己的行动践行了他入学法大的初心。

彭雪峰：虚怀若谷，胸怀天下

文/鹿原

　　人物简介：彭雪峰，1979 年考入北京政法学院(中国政法大学前身)，中国政法大学第一届杰出校友，被中华全国律师协会授予"中国律师行业特殊贡献奖"。1992 年创建北京大成律师事务所，该所自 2009 年起被评为"亚洲规模最大的律师事务所"，这也是中国律师事务所首次荣膺亚洲最大律所。

律师其职

　　彭雪峰的律师执业生涯已近 30 年。回想当初选择法律乃至律师这条路，彭律师说其实有些阴差阳错。年少时的彭雪峰酷爱文学，高考时一心想报中文系，但在家人和老师的建议下最终选择学习法律。彭雪峰仍清楚地记得父亲当时说："中国未来的发展离不开法律！学法律一定会有用武之地。"庆幸这份阴差阳错，缔造了一位中国优秀律师的传奇。

　　在同行人眼中，彭雪峰是当之无愧的中国最杰出的律师之一。彭雪峰自谦不敢以"杰出"自居，但求日益精进，努力"做一名合格的律师"。彭雪峰曾在大成所年会上讲述其对"一名优秀律师"的理解：律师要做到"四像"——律师要像战士，拔剑而起，无所畏惧；律师要像谋士，道通天地，运筹帷幄；律师要像绅士，彬彬有礼，儒雅谦和；律师要像隐士，看破名利，宠辱不惊。希望律师们都能够有战士的勇敢、谋士的韬略、绅士的风度、隐士的胸怀，把学习当成终生的课题，不断充实自己，无愧"律师"之名。

作为全国政协常委、全国人大代表，在本职工作之余，彭雪峰积极参与行业建设，努力为维护司法公正、社会稳定和推动经济发展尽绵薄之力。在彭雪峰看来，律师的社会责任与其法律服务是分不开的。彭雪峰认为，律师恰恰是通过代理好每一个诉讼案件或非诉项目，兢兢业业地提供好每一项法律服务，发挥他维护司法公正、社会稳定、推动经济发展的社会责任。比如，在刑事或民事诉讼中，律师接受当事人的委托，参与诉讼程序，维护当事人的合法权益，就是维护司法公正的一个重要方式；律师通过参与诉讼活动，协助司法机关定分止争，本身也有助于维护社会的和谐与稳定；越来越多的律师通过改制、重组、并购、上市、法律风险管理与控制等专项法律服务，协助各类企业或组织依法规范发展，从而为推进整体经济的健康长远发展发挥重要作用。

彭雪峰欣慰地看到，现在愈来愈多的律师正积极开拓服务社会的途径，包括通过律师协会、人大、政协等平台参政议政，为国家的法治建设和经济发展建言献策，为社会的整体发展做出点滴努力。当然，他深知律师承担更多的社会责任也需要倚赖于社会整体环境的发展，他也坚信，只要坚持，跬步虽小，终至千里。

律师其业

彭雪峰 1992 年创建北京大成律师事务所，经过多年的探索、改革与发展，逐渐探索出了一条有中国特色的律所发展之路。大成所自 2009 年起被评为"亚洲规模最大的律师事务所"，这也是中国律师事务所首次荣膺亚洲最大律所，在中国律师行业发展史上具有里程碑式的意义。彭雪峰将此归功于全体大成人的共同努力和付出。

谈到事务所的发展，彭雪峰认为，"法治、民主、高科技"是律所管理制胜的关键与基石——依凭"法治"建构起一套合理的制度，是发展之前提；建立与巩固"议、决、行、监"相对分离的民主管理制度,营造和谐的"合伙关系"与"民主文化"是取得成功之法宝;而"高科技"是当下任何行业或企业发展壮大所不可或缺的助力。

彭雪峰认为,中国律师作为中国特色社会主义法律工作者,是建设社会主义法治国家的重要力量。律师个人及律师事务所的发展都离不开这一基本定位。中国律师事务所的"所建"也离不开"党建"的发展。自大成建所以来,彭雪峰带领大成人不断研究探索,把律师事业与党的事业相结合,把事务所利益与行业历史使命相结合,把党员律师利益与事务所发展相结合,逐步探索出了合伙制律师事务所党的基层组织建设的新路径,党建工作经验被中央组织部、司法部等确定为非公党建的突出典型。

在党建工作的带动和促进下,大成实现了快速发展,完成了从个体化作业向规范化、规模化、专业化、品牌化、国际化方向发展的一系列改革,受到全球律师行业的瞩目。这正是彭雪峰所倡导的"以党建促所建"、充分"发挥律师行业党组织政治核心作用和党员先锋模范作用"的最好实例。

自1995年起,彭雪峰连续四届在北京律协、连续两届在全国律协担任领导职务,被中华全国律师协会授予律师行业最高荣誉之一——"中国律师行业特殊贡献奖"。提起这些"杰出成就",彭雪峰自谦道"这都是我们这一代人应该做的",并表示非常愿意成为后人的"铺路石",为行业的未来贡献力量。

回想中国律师业的发展历程,彭雪峰认为,过去这30多年里,中国律师行业和律师队伍都实现了跨越式发展,主要得益于中国整体经济和法治的发展。依托于社会整体发展的大背景,中国的律师行业确实拥有很多难得的机遇,但中国律师行业也有其自身的特点,无法照搬国外的经验,只能不断地尝试和摸索,因而难免会遇到种种困难和挑战。中国律师行业总体处于起步阶段,与英美等拥有数百年律师行业发展历史的国家相比,我们还有很长的路要走,也有太多需要学习的地方。但是这不是一朝一夕就能实现的,需要几代人的不断探索和积累。

彭雪峰展望中国律师行业未来将有更加广阔的发展空间,我们应当把握住历史的机遇,努力开创中国律师行业的新辉煌。

奉献社会

彭雪峰说,十八大报告明确提出 2020 年全面落实"依法治国",确认法治是治理国家的基本方式,而十八届三中全会再次将"推进法治中国建设"作为中国新一轮改革发展中的重要内容,他坚信接下来社会主义法治国家建设进程将进一步加快,法律人也将发挥更大的作用。作为中国律师队伍中为数不多的全国政协常委、全国人大代表,彭雪峰一直在政协、人大等平台上积极参政议政。他认为,作为法律人应该不断学习,只有进一步提升自己的综合能力和参政议政水平,才能为法治建设和社会发展做出更大的贡献。

与此同时,彭雪峰一直认为,回报社会、反哺人民是律师应尽的社会责任。社会活动或公益活动应当从点滴做起,更要通过相应的制度确定下来,只有这样才能将公益活动长期进行下去。2007 年,彭雪峰带领大成组建了中国第一支由律师发起设立的专项慈善基金——中国红十字基金会大成慈善基金,截至目前,已通过大成慈善基金在捐资助学、抗震救灾、资助革命老区等事项中累积捐款千万余元。在他看来,某个个体或企业的力量虽然微薄,但如果能够通过自己的行动感染、影响更多的人伸出援手,就一定能累积更大的力量,帮助那些需要帮助的人。

杰出校友

得知被评选为"中国政法大学第一届杰出校友",彭雪峰对母校深表感激。在他看来,"杰出"的校友,应是谨记校训,在自己岗位上踏踏实实、持之以恒为我国的法治建设作出点滴努力的校友们。他表示自己将继续努力,回馈母校的信任与鼓励,也希望"杰出校友"今后的评选能够把更多优秀的校友介绍给大家,给大家以鼓舞。

　　身为法大 79 年的老校友,在法大生活学习期间,令彭雪峰印象最深的,是当年在法大蓟门桥老校区时,学校刚恢复招生,很多教室还在修复重建,教室里没有足够的座椅,新生搬着马扎、有些甚至席地而坐,听江平等教授们的讲课。那时候的学习、生活条件非常艰苦,但绝大多数同学都异常刻苦、对于新知识和先进的思想充满渴求,现在每每回想起来,仍令人振奋。

　　彭雪峰作为法大校董会的董事,积极推进大成所与法大的合作,借助开会或项目合作的契机,他总有机会"常回家看看"。多年来,法大在教育模式改革方面做了很多有益的探索,教学思路更开阔,教育方式更灵活,学生们有更多的选择、更广阔的发展空间,令他甚感欣慰。

　　在庆祝中国政法大学建校 60 周年盛典之际,彭雪峰回顾法大恩师们的教诲,总结了六条法律人的精神:

　　　　一是心无羁绊但崇尚道德;

　　　　二是力争上游但追求公平;

　　　　三是摒弃保守但尊重规则;

　　　　四是解放思想但服从逻辑;

　　　　五是杀伐邪恶但心存仁爱;

　　　　六是保持自我但乐见不同。

　　这也是彭雪峰一生矢志遵循的人生圭臬。

　　在本次采访之际,他将此分享给法大学子们,希望大家能够充分利用好学校提供的学习机会和平台,开拓视野,提升自己,努力成长为国家和社会需要的法律人才;同时,也祝愿法大桃李天下,硕果丰沛,以助祖国法治昌明,社会祥和,桁杨雨润,肺石风清。

　　谦谦君子,虚怀若谷,为实现法治默默耕耘,胸怀家国天下。彭雪峰,不愧于法大"杰出校友"之名!

周唯达:所有人都是待打磨的天才

文/徐思勉

人物简介:周唯达,男,31 岁,中国政法大学商学院国际商务专业本科 2003 级本科毕业生,天津市政协提案委员会主任科员,2012 年度天津市公职人员微博影响力 TOP10。2012 年 7 月,周唯达在江苏卫视《一站到底》节目一战成名,成为《一站到底》开播以来第二位大满贯"战神"。2013 年 4 月,广西卫视《猜的就是你》节目中,周唯达成为继该节目开播以来第一位无求助零失误用时最短的通关挑战者,被主持人张绍刚冠以"猜神"称号。

"路人甲"的爆发

"他侃侃而谈,他的声音和形象令人很舒服,他优雅而高贵,他有一种从外表到智商相结合的性感",这是知名模特李艾对周唯达的第一印象。黑框眼镜,暗紫色 T 恤衫,笔挺修身的黑色休闲裤,一米八五的身高外加瘦削笔挺的线条感更让他散发出抖擞干练的气场,有太多人说他酷似港星马德钟。

十年前刚毕业的周唯达可能怎么也无法想象今后的生活中会与"战神"这一称号挂钩。一切从 2012 年夏天一个偶然的决定改变了。如果不是参加了江苏卫视的《一站到底》,他现在仍然是个公务员身份的"路人甲",过着像他微博名称一样的简单生活(微博:@周唯达——达达的简单生活)。2012 年江苏卫视益智类答题《一站到底》节目刚刚开播三个月，第一位大满贯"战神"孟铸十战十胜名声大噪，《一站到底》在全国范围内掀起观看热潮。当时看到这期节目的周唯达有些坐不住了，"孟铸答对的所有题我都会，如果有一天我站在《一站到底》的舞台至少我会和他一样。"正巧《一站到底》栏目在天津招募选手，周唯达更下定了要报名参赛的决心。

两天的报名招募周唯达竟持续高烧，当病情好转赶到招募现场时已是第二天黄昏，招募已经截止，主持人和导演都收工了。就像所有主角光环闪闪发光的角色一样，周唯达草草答完的一份试卷没想到竟然是两天面试者成绩的最高分——92分。但即使这样的成绩，也并没有打动编导马上带他上节目。因为没有丰富的经历、没有特殊的职业、甚至没有张扬的个性，周唯达身上的"普通"，就是身边的"路人甲"，让编导组觉得很难做出节目所需的效果。所以，在面试的试卷上，除了"长得像马德钟"的评语之外，再无其他。所幸，节目中一位挑战者的缺席和其中一位编导力挺周唯达身上"有着一种他也说不上来的气质"，他才来到了录制现场。

当导演组都很头疼这样一个没有特色的人到底要写什么才能吸引人时，他就自告奋勇地表示，"要不直接让我当挑战者得了，这样一来就省得贴标签了，我可以从1号到10号按照顺序接受挑战！"而这一自信的表现，瞬时让编导眼前一亮。他们终于找到周唯达身上能上舞台的特色了！

为了让他在舞台上更有话题性，节目组为他设计了"左轮枪"的动作贯穿全场，并且希望他在场上能更加的霸气，更加的张扬。可周唯达顾虑"那么狂的话，如果输了岂不是很丢人？"可是编导告诉他，"如果你输了，即使再狂也没有多少人能记得你，可是如果你赢了，你就是霸气的'站神'。"

不多说一句废话、眯着眼睛抿嘴微笑、下意识地点头回应，没有辜负所有人的期待，左轮枪神的十发子弹颗颗命中，"左轮枪神"成为节目开播以来第二位大满贯"战神"，观众们一下子记住了这个十战十胜霸气外露的选手。

周唯达最火的时候，每天走在大街上都会有人认出他就是"左轮枪神"，百度贴吧"周唯达吧"里每天有粉丝为他盖楼，其中不乏愿意为他"生猴子"的迷妹们。儒雅俊朗的外表加上霸气张狂的表现，极具辨识度的形象让不少节目组向周唯达抛出参加节目的橄榄枝。

神坛上下的"左轮枪神"

《周末驾到》《猜的就是你》《大话足球》，参加了节目之后，周唯达也惹来了一些非议，有人说他狂，有人说他不务正业。可他自己知道，"狂"是节目效果，而"正业"就是得到幸福。优雅知性的妻子、一双健康聪明的儿女、一份能够安身立命的工作，这些都是他的幸福源泉。而利用业余时间参加节目，无非就是生活的一种调剂，只是让他的生活多了一种体验，有了更多的朋友。

2013 年《一站到底》迎来了"诸神之战"，将一年中的"站神"汇集到一起分出高下，周唯达自然在被邀请之列。在这样一个舞台上曾经扬名立万，也曾经折戟沉沙，但这次他在去之前就已经知道此行凶多吉少了。"因为节目初期的题目比较简单，所以我成功了，但是看后期的题目，能够知道自己和其他高手是有差距的。"输了又如何，重要的是周唯达在这里结识了很多有相同爱好的朋友。众多答题爱好者坐在一起聊天，随时想起一个古怪的问题难为一下对方是一件非常有趣的事。《猜的就是你》节目猜嘉宾中，有一位是女儿患病需要治疗的坦克手大力哥，他的经历让同样身为父亲的周唯达感同身受。所以，他决定将节目中赢得的全部奖品折现后捐赠给这位嘉宾，并在此之后每次参加节目都将拿出所获得奖金的一部分去进行一系列的公益活动，用知识创造财富，用知识帮助他人。

周唯达始终相信读过的书、走过的路不会白费，就像他在《大话足球》中充满火光与灵性的演讲——"所有人都是待打磨的天才，每个人都能找到属于自己精彩的那个平台。"有机会他总会带上女儿亲临比赛现场，"不断去尝试不同的尝试，经历不同的经历，感受不同的感受，走好生命的每一步，不必在乎一点一滴的得失，在乎的是生命的厚度和宽度。"

"诸神之战"守擂失利的夜晚，周唯达在微博中这样写道，"我们都是普通人，有着长处和短处，只是在《一站到底》这样一个适合自己的舞台把一些优点表现出来,于是我们在一段时间内成了所谓的'战神',承蒙大家错爱,希望每一位朋友都能尽快找到适合自己的平台,找到属于自己的那份精彩。"

一生一世的"法大人"

和许多中国政法大学毕业生一样,周唯达在大学毕业时选择了参加公务员考试,今年已经是他在天津市政协提案委员会工作的第九年了。2015 年夏天,周唯达成为了市政协农村帮扶工作组的一员,驻扎在天津市西青区辛口镇宣家院村。宣家院村距离快速路只有几公里,车水马龙的背后,便是这个安静得有些疲惫的村子,卫生院的门口从一清早就坐着一群晒太阳的老人。在城市化快速追赶工业化的过程中,有太多这样依靠拆迁契机等待发展的贫困村。

经过两批市政协驻村小组的帮扶,宣家院村各主要路口路段的安全监控设备得以覆盖,村口积水严重地段得到了泵房改造,沿岸河道全方位的改造升级,先后实施了河道清淤、道路硬化、植树绿化等各项工程。城市化进程中总要抛弃一些,又总要守住一些。"村民们朴实善良,我们应该把这种淳朴发扬下去。"宣家院村土壤肥沃,天津特产沙窝萝卜在这里生长得格外肥美,村民们在村口将萝卜卖给菜农只要两块钱一斤,周唯达联系厂商给萝卜进行装箱、打包,利用广阔的人脉在社交媒体发布促销信息,原本不起眼的萝卜买到 30 块钱一箱直至脱销,远在新疆的朋友自掏邮费也要尝一尝"互联网＋"的萝卜。

"法大带给了我广阔的视野和包容的胸怀,我的大多数同学都就职于公检法机构,规则与制度下的我们每个人心中都有一团火。"自由民主的精神扎根在每一个法大人心中,几乎不通过点名的方式来维持课堂秩序是每一位法大名师的自信,每节震撼人心课堂的最后都是经久不息的掌声。名校的涵养不仅给了周唯达更坦荡的胸襟,更给了他面临重大选择时的自信,走下神坛后的"左轮枪神",依旧可以把本职工作做得风生水起。

周唯达所在的"中国政法大学天津青年校友群"是一个充满生机和斗志的集体,这是一群从未忘记初心的年轻人,他们在法大结缘,并一代又一代地传承着他们的初心。周唯达作为这个集体最为积极的一份子，组织过读书会、羽毛球联赛、桌游比赛，他给了茕茕孑立的津门法大人一个更温暖的家。今年校庆，法大天津校友分会获得三星校友会的荣誉称号，周唯达替会长领奖时站在刘皇发舞台中央和黄进校长合影留念，十年过去了，大风大浪的场面都走过，唯独法大的舞台让他笑得像个孩子。

"如果有一天，我想回到法大把所有课程重新听一遍，当时光顾着玩了。"

周晓芳：文艺梦，公益心，法大人

文/娄卓君

人物简介：周晓芳，女，27岁，2010年毕业于中国政法大学，现任云南省腾冲市法律援助工作站主任。自法大毕业后，周晓芳选择扎根边疆，捍卫公益。本着"应援尽援"的理念，在基层为广大老弱病残弱势群体提供法律帮助，在法律援助工作的四年中，办下了将近七百个案子。周晓芳在工作中尽职认真，无私奉献，被授予了"云南省十佳法律援助工作者"和"保山市优秀律师"等称号。在忙碌的生活中不舍爱好，撰写长篇小说《烟雨腾冲》在《保山法学》连载。

八月中旬，腾冲依旧习惯散着云雾，淅淅沥沥下雨。背靠高黎贡山，远眺缅甸密支那。夏季的腾冲仿佛一座潮湿的雨城。

下午两点半，腾冲交警大队二楼的办公室，人们或坐或站，皱着眉头，抽着烟，不时耳语一番，那个抵在墙边拄着拐杖的残疾老人就是周晓芳的当事人，而她今天的工作就是帮老人调解交通事故中的纠纷。

没有证人，各执一词，关键点的监控缺失。穿梭在当事人与交警之间了解案情，倾听各方的陈述和诉求，作为腾冲市法律援助站的一名公益律师，这是周晓芳的日常之一。

今年是周晓芳从事法律援助工作的第四年，如今的她每年要处理近180个案子，调解更是多不胜数。而其中的当事人大都是老人残疾人或妇女儿童等弱势群体。

接受调解的双方突然争执起来，老人愈发激动，怒目而视，声音也大了几倍，整个场面有些混乱。而周晓芳则微笑着一面安抚老人，一面拿出纸笔带领双方一起梳理事故发生的时间地点和具体细节。老人和对方当事人回答着周晓芳提出的一个个问题，渐渐平静下来，之前紧张的气氛也缓和了不少。

原本激动得气息急促的老人现在只是静静地缩在沙发上，看着周晓芳和对方交涉，以一种很是信任又有些感激的眼神，就和以前许多次一样。

"我放不下他们，这是一种社会责任"

这并不是周晓芳对老人的第一次援助，当然也不会是最后一次。就和许多其他被援助过的人一样，在生活中遇上法律问题和困难，他们第一个想到的总是周晓芳律师。这对他们而言是一种依赖，对周晓芳而言更是一种信任。"我放不下他们，这是一种社会责任。嗯，也是一种帮助别人的存在感与快乐吧。"周晓芳说。

而在承担这种社会责任的过程中，她所面对的是被家暴的母亲抱着女儿在离婚协议书面前啜泣；是年迈的老奶奶因为子女不孝、无人供养无奈的叹息；是包工头愤怒的喊叫和农民工拖着残腿，愤而无力。

但推动着周晓芳去努力的，并不是这擦不完提不动的眼泪叹息，也不仅是所谓公平正义，而更是在这帮扶弱势的社会责任下，不难预料的，还涌淌着的涓涓暖意。

那是一个请求子女支付赡养费的民事诉讼，80岁的老奶奶局促地坐在法庭原告席，好像自己做错了什么。对面的子女互相推诿，谁也不愿意尽义务。"我想说，我们这辈子住过的最贵的房子不是别墅，不是五星级酒店，而是母亲的子宫，虽然我们在那儿只住了十个月，但租金却是我们一辈子也还不清的。"这是周晓芳忍不住的肺腑之语。

开完庭之后，周晓芳收到了一打手工鞋垫，这是老奶奶为了她一针一线亲手做的。看着这大小合适的鞋垫，这一次，也轮到别人帮周晓芳擦干她不经意间流出的泪水。

还有一位老人，在周晓芳帮他儿子打完一场官司之后，每一年都亲手送来自己翻山跋涉找到的鸡枞。这种云南特有的珍贵山珍，对贫困的老人而言已是自己对于感谢竭尽全力的最好表达。

"我放不下他们。"这句话的背后有暖意有阳光，给周晓芳以动力和方向，但阳光的背后往往是同等甚至更大的阴影。如何踩着这些阴影，承担着压力、难过，调整自己的情绪，更加理性地帮助别人，是周晓芳工作之初面对的一个最大的问题。

"你得变得更专业"

周晓芳刚开始法律援助的工作，接待当事人，去打官司的时候，她总是会不自觉地全情浸入在案子之中，用她的话就是"怎么都没法从案子里出来，就连睡觉也在想着案子的事情"。这样的情况持续了一段时间，对周晓芳的工作造成了很大的压力和困扰。

后来，法律援助站的创始人——援边律师事务所的主任彭旭邦，也就是他们口中的"老大"，对周晓芳提出了建议。他让她学着更加理性地对待案子，不要在案子里投入太多感情。"你得变得更专业，这样对你的工作对当事人，都负责。"周晓芳笑着回忆说。

从那之后，周晓芳逐渐锻炼着自己将感情从案件中抽离，学着更加理性地去分析去判断，在提高了自己的办案效率的同时也减轻了许多自己的精神压力。

在来交警大队之前，一个离婚案子的当事人打来电话，电话那头的女人哭泣不止，一句话也说不出来。换做以前的周晓芳，也许又会忍不住和对方一起落泪，无力。但这一次，她只是很平静地说："你现在还说得出话么？如果不行的话，你先哭一分钟吧，我等你。"然后，静静放下手机，开始考虑案情。

这种平静而不冷漠的状态，是专业和理性的要求，也是周晓芳这四年来一个接一个案子磨砺的理想结果。这让她能够更全面地去理解分析，也让当事人对自己更加信任，一种对于专业律师的信任。

"谁还没个文艺梦呢？"

周晓芳作为周围人口中的"芳姐"，大家提到她的第一个印象就是"忙"。的确，一年180个案子，早没了所谓的周末，更不用说什么正常作息。除了春节放假，加班就是日常生活。但提到压力与忙碌时，周晓芳则笑着说："哪个职业没有压力呢？都是一样会有忙碌的时候。我这个人呐就是干一行爱一行呀。"周晓芳说话时，总是会眼神笃定又很有灵气地看着和她聊天的人，浓眉下黑睫毛扑闪扑闪的。

但除了"忙"，提到芳姐，大家也总是会冒出"有才"两个字。周晓芳喜欢写作，写小说更是自己的一大偏好。这个爱好一直持续至今，她工作之后所写的小说《烟雨腾冲》还曾在《保山法学》上连载。

除此之外，在法律援助站建立之初，为了进一步宣传援助站，也为了让更多弱势群体能够了解到法律援助的存在。周晓芳亲自操刀，自编自导拍摄了一部法律援助站的宣传片——《援边人的一天》，细腻感人地讲述了许多在法律援助过程中发生的真人真事，展现了法律援助站年轻律师们的日常生活。

平时，除了写作，周晓芳还喜欢摄影。但对于这些爱好，周晓芳并不觉得如何特殊——"谁还没个文艺梦呢？"周晓芳调皮地眨着眼说道。

而其实，无论是文艺还是公益，周晓芳的爱好与工作都算得上是大学的延续。她在大学参加了学校的青年志愿者协会，平日里就会参加一些志愿服务活动，帮助他人，参加公益。而社团活动之余，总是会忍不住写一写小说又或者游山玩水，游记小说同时进行，笔耕不辍，北京周边也基本上是逛了个遍。

但提到母校时，最初闪现在周晓芳脑海中的并不是过往丰富的大学经历，而是脱口而出的"端升楼""法渊阁""牛前的聚会"这一个个剪影般的镜头，这一个个扎在心中的标志与回忆。

　　"我一生一世是法大人,想念着那四年四度军都春。"在谈到对母校的寄语时,周晓芳笑着说。

　　问及对母校最怀念的东西时,周晓芳一时没能答上来。"等我再想想。"她微仰着头,轻轻笑着。这时,交通事故的第三方当事人到了,周晓芳轻轻致歉后转身,开始向对方了解情况,只散落一地未完的思绪。实际上,跨越时间,追忆过去,所找到的每一样回忆都应该值得珍藏,要在其中比出个高低如何轻易。

　　望着周晓芳在三方之间调解,时而微微点头,时而前倾询问的背影,也许,这是最好的结尾之处。何况在那满地的思绪里,所能看到的不只是周晓芳的文艺梦,更是她的公益心,还有那一生一世法大人的深情。

周征远：星行电征 远见卓识

文/胡浣词

人物简介：周征远，2002 年毕业于中国政法大学，经济法专业硕士研究生，现任广州市海珠区人民法院刑事审判庭庭长、一级法官。参加工作以来他先后在国家、省、市级法学刊物等上发表多篇论文和调研文章，曾获 2011 年第 23 届全国法院学术研讨会三等奖、2012 年第 24 届全国法院学术研讨会优秀奖、2009 年度广州市法院系统个人三等功、2006—2011 年度广州市普法宣传先进个人、2012 年广州市三打工作先进个人等多项荣誉。2016 年他作为主要撰稿人承担的最高人民法院刑事速裁重点课题以优秀结项并获评全国三等奖。

他年轻有为，是一线城市中年轻的刑庭庭长。

他善断大要案，是黑社会性质组织集团案件的审判专家。

他有想法有能力，致力于通过微小的机制创新来推动社会难题的化解。

采访周征远的时候，他刚刚审完一个黑社会性质的案件，前后持续了将近九天。黑社会性质组织的案件号称是最难审理的案件，但接受采访时他并无倦容，反而洋溢着青年人的朝气与活力。

玉兰树下，找寻一份芊芊记忆

回忆在母校的日子，周征远笑称大学时候读书不是很用功，四年只拿过一次奖学金,有点"不务正业"。大学时候的他课外活动比较多,常常奔波于各个社团。周征远曾担任我校准律师协会外联部的部长,同时也是我校第一届网络资源协会副会长。在学校社团积极活跃的三年,是他认识自己、磨砺自己的重要时期,也是他工作后十分怀念的流金岁月。"大学的时候有什么新活动我都喜欢参加。虽然我普通话不标准,但是我胆子大,我认为读大学的时候千万不要羞涩,要把握机会,做错了也不怕。"

周征远在大学时期热衷于听各种讲座,也特别喜欢在现场提问,提问的声音大到根本不用麦克风。"在现场很多人只是听讲座,我肯定要提问题。虽然有时候自己的问题有些幼稚,但是我觉得这可以锻炼胆魄。"

周征远还特别提到了他当讲解员的经历。当时学校选拔学生参加青少年违法犯罪讲解团的活动,积极活跃的周征远也报名了,经过层层选拔,能言善道又能控制场面的他得到了老师的赏识。这也为他后来参加工作打下了良好的基础。2002 年毕业后,凡是他参加的面试,成绩从来没有掉过前三名。同时他也是同届毕业生中第四个签三方协议的。

除此之外,周征远还喜欢搞实证研究,并撰写相关的论文,这些工作主要是为了解决实际问题。他回忆起大三写诉状的时候,不仅找了很多模板来学习,还在图书馆翻阅了很多资料,完成诉状后不仅让对方很满意,还让他自己获益匪浅。那一次的经历让他发现"知识是法大人安身立命的本钱,所以不要小看每天学的东西"。参加工作后,周征远依然坚持写作,先后在国家、省、市级法学刊物等上发表多篇论文和调研文章。但是不比大学期间的心无旁骛,工作之后多了很多工作压力,他感慨道:"大学是看书的最好时光,流金岁月一去不复返。"

结缘法大,传承一种法治理念

来法大读法律,不是他某一瞬间萌生的想法,而是从小就有的梦想。回忆小的时候,外公经常给他讲述法律故事,在外公的熏陶下,周征远从小就对法律产生了浓厚的兴趣,在他的心里,法律是匡扶正义的远大理想。

当问及母校给他最深远的影响是什么的时候,周征远不假思索地说"是一个理念",即法治。他谈到法大毕业生给他留下的最深的一个印象就是"务实",这是法大人的最大特性,其次是追求程序上的完美——法大人很注重程序,也很尊重程序,而司法公正首先体现为程序公正。程序是法律的心脏,离开程序,法律根本不可能存在。最后,就是强调一种自由和公平,正如入学誓词所言"挥法律之利剑,持正义之天平",法大人将公平正义作为自己的使命,铭记于心,践履于行。

敢想敢干,只为一份公平正义

毕业的时候,周征远选择到广州发展。初到一个陌生的城市,他凭借能干肯吃苦的品格,渐渐地得到了领导和同事的认可,慢慢地摸索出了适合自己的道路。

周征远是一线城市中一名年轻的刑庭庭长,他任职于海珠法院,他有着和别人不一样的工作思路。海珠法院是全国最先探索和实践"刑事速裁"审判模式的基层法院,谈到"刑事速裁"实践过程中的阻力时,周征远以庭审如何缩短公安从逮捕到押送到法庭的时间为例,论述了这种探索需要法律制度支持的必要性。"冰冻三尺非一日之寒",虽然中国的法治建设是一个漫长的过程,但他坚持尽自己绵薄之力推动中国法治的进步。

此外,在侵权案件中他非常强调被害人谅解,要求一定要倾听被害人的意见。"法庭审判不仅仅在乎长短,公正与效率是并行的。如果不能得到被害人谅解,就不能适用速裁。"这样的想法一方面源自于大学时候刑诉课堂带给他的触动,另一方面是因为工作后遇到了一个难忘的盗窃案案例。那起盗窃案判决生效后,被害人来到法院询问"为什么开庭的时候没有通知他前来",这突如其来的"质问",让他为之震惊,被害人竟对何时开庭不知情,这在他的职业生涯中是史无前例的。这次经历让周征远从中体会到被害人谅解的重要性。

虽然设立被害人参与制度增加了工作量,但是审判的关键是真正把案件解决,以微小的机制创新,促进社会难题的化解,这样的举措才具有巨大的价值。

对于大学生未来发展规划的建议,周征远特别提到了四个字"适时而为"。每个学期的目标和任务都不一样,什么年纪就做什么年纪的事,通俗一点就是,该读书的时候读书,该玩的时候玩,该谈恋爱的时候谈恋爱,否则那就是人生错位。至于出来工作,首先要学会不要计较,"做多做少不要计较,吃点亏没有关系"。其次是要学会思考,以办案为例,办案重要的是不在乎数量多少,而是要懂得触类旁通。最后,希望大家时刻不要忘记自己的远大理想,勇攀高峰。

戴晓虹：极边法大人，依旧年轻，始终努力

文/娄卓君

人物简介：戴晓虹，女，26 岁，2013 年毕业于中国政法大学，现工作于云南省腾冲市人民检察院公诉科。自法大毕业后，年轻的她选择返回基层，扎根边疆，在人民检察院奉献青春。在工作中，戴晓虹认真办案，努力向上，实践与学习结合，短短三年，经她的手所办的案子已有近 300 个。与此同时，工作与比赛并举，曾在腾冲市举行的"红土地之歌"演讲比赛与"6. 26"禁毒演讲比赛中分获二等奖及特别奖。

极边检察院公诉案件多贩毒

腾冲，这座极边之城，地处云南边陲，西邻缅甸北部，每入夏季便雨不停歇，而今年一场雨竟是下了三个月之久。采访前，戴晓虹刚刚讯问完犯罪嫌疑人回到检察院，阴冷的天气让她略感不适，但看到笔者时，她露出了亲切的笑容。"出发去看守所的时候还不下呢，现在又开始下了。"她笑着甩了甩伞，带我走进了检察院。

戴晓虹刚刚讯问完的五个犯罪嫌疑人里有三名就是涉嫌贩毒的。在腾冲这样一个地处云南，靠近边境的基层检察院，贩毒案件相对较多。

"主要还是零星贩毒的案件，这种案件基本上能够占到所有案件的30%——

40%。对于这种零星贩毒的案件，虽然贩卖的数量不大，但是害人害己，对社会影响很大，必须得严厉打击，不能放纵。"而贩毒案件在每年所办案件中占较大比例，也让已在腾冲检察院工作了三年的戴晓虹对毒品的各种类型和入罪标准、鉴定术语变得十分熟悉。

走进办公室，敞亮的窗子旁，办公桌上一摞摞牛皮纸包裹着的卷宗占了大半个桌面。今年是戴晓虹工作的第三年，经她手所办的案子已有 200 多近 300个。一年大概要办 80 个案子，集中的时候，手里可能会同时有十多个案子待办。对她而言，加班是很经常的事，有的时候甚至会在单位睡上一夜接着办。

"法大人"是标签更是动力

三年前，刚毕业的戴晓虹来到检察院公诉科工作，那时的基层检察院人少案多，戴晓虹刚一进公诉科就必须着手参与许多案子。同事各自都有繁重的任务，甚至没有人能够有空暇指导她。

如今戴晓红回忆起工作之初，扎着马尾辫、还是一副稚嫩面孔的自己硬着头皮去询问犯人，还是会忍不住扬起嘴角，"有的时候遇到一些比较'油'的犯人，你问什么他也不回答，只是望着你一个小姑娘一直笑。对这种嬉皮笑脸的情况，还是必须得严厉起来。毕竟你代表的也不是你自己，而是整个检察院。"

但是相比于讯问，对于最初工作的戴晓虹而言，最难的莫过于要逼着自己实现从大学到工作的转变，将知识和实践联系起来。办理刑事案件，可能会遇到各种各样的问题，实践中的问题远比书本上的要复杂得多，有时很难处理。戴晓虹本科不是学法的，虽然大学期间坚持学习法学课程，考过了司法考试，但在起初，她依旧感到自己对法学的认知缺乏系统性。

刚开始办案的时候，经验不足加之缺乏准备，一次出庭公诉中戴晓虹对辩护人提出的辩护意见答辩得很不好，出完庭整个人都堕入深深的后悔之中。这次经历是她工作以来一次难以抹去的打击，但也让她决心做出改变。从这件事之后，每次开庭，无论有没有辩护人，无论手里有多少个案子，她都会做好充足的准备。她在心里默默地谨记，出庭的时候是代表着国家，如果公诉人表现得不好则影响整个检察院的对外形象。

当然，为了增强工作能力，她选择了边工作边学习。逐渐在实践中总结经验，拓展知识的同时，不断学习专业知识来提升能力。如今，手边的法条工具书早已被她翻得皱皱的，各种法学资料上也记着满满的笔记，在腾冲湿润的空气中，轻轻地卷起一点侧边。

"法大对我的影响是在我生命中的延续，它是一个标签，人们会说我是法大毕业的。对我而言，这种标签是一种荣耀和动力。这在激励着我去努力，去做一个优秀的法律工作者。"如今的戴晓红，不仅在工作中增强了自己办案的能力，更在办案中发现了工作的意义。在她看来，检察官的工作不仅在于利用自己所学公正地办理每一个案件，更在于工作之中所发挥的法律宣传作用。对每一个当事人的疑问都用心解释，用好的态度答复他们，解答疑惑，宣传法律。

之前讯问的五个犯人中有一个是未成年人，自己吸毒又向别人贩毒。对这个贩毒的未成年人，除了案情的了解确认之外，戴晓虹还问了他吸毒的原因和家庭的情况。其实，这也算是戴晓虹的一种习惯，但凡遇到未成年人犯案，她总是会苦口婆心地讲一些，希望他们日后能够走上正途。多问上一句能不能戒掉，当她听到肯定的回答，心也就稍放下些。

最怀念的是"那年夏天"

平日里，戴晓虹喜欢种些花花草草，对于多肉植物更是十分偏爱。朋友圈里时常晒出自己种的各种植物，对多肉的品种更是如数家珍。用她的话说是"一朝坠入多肉坑，从此钱包是路人。"她的办公桌上摆着大大小小三四盆好养的多肉，戴晓虹视它们为"佛珠"。

年轻姑娘难免会有对美的追求，想把自己打扮得漂漂亮亮的，戴晓虹也一样，偶尔也会想要穿裙子去上个班。在身边人的眼中，她是一个很开朗的人，文静的外表下有一颗独立坚强的心,一点也不娇惯,能力也很强。而这种独立的气质,也是在大学时候培养成的习惯。

读书的时候,戴晓虹就坚持着想要为家里减轻负担,独立起来。不仅参加了学校的勤工助学社团,她还利用课余放假的时间做各种兼职。而无论是在学生处勤工俭学还是出去兼职打工,都拓展了戴晓虹对自我和社会的了解,促进了她独立习惯的形成。

但是兼职与社团从没有影响过她的学习,每天过得繁忙却十分充实。戴晓虹最喜欢的庞金友老师所说的学习"阅读、思考、实践三部曲",她如今依旧牢记。而能利用学校雄厚的师资和教学资源去完成自己想要学习法律的愿望,让她很是满足。那些为准备司考而早出晚归的日子,拼凑出一个漫长却又十分难忘的夏天。对于非法本的学生来说,考司法考试固然是难而累的,但是这些苦累的经历为她几年后的工作做了充分的准备,让她的毅力得到磨练与提升。对戴晓虹而言,这也是在她心里抹不去的一笔"那年夏天"。

而今,戴晓虹最怀念的还是那段学校本身独有的自由恬静而安然的时光。不时会想起学校的奶茶,说起二食堂的冒菜也一样会频频点头称赞,眼睛笑得弯弯的。

大学的那段日子,在戴晓虹看来是最幸福的。回忆起当初,"法大的生活是四年,但可以在这四年做很多事情,赋予这段时光最完美的意义。"她握着茶杯,轻旋了一个很小的角度。

茶杯原本氤氲的雾气在阴冷的天气下消散了许多,似乎雀跃着窜出了窗外与雨雾混成一体,涌进极边大地湿润的怀抱。

临走时,戴晓虹送了一盆小小的"佛珠"给我,很开心地望着这每一粒多肉,个个都饱满健康,欢快地积极生长着。一如在这极边之城奋斗青春的戴晓虹,一如在全国各地基层付出汗水的所有法大年轻人。

少年不负岁月长。他们,依旧年轻;他们,始终努力。

黄涛:基层工作锻炼了我的能力

文/黄泽涛

人物简介:黄涛,四川南充人,2009年毕业于中国政法大学民商经济法学院,毕业后在广州市越秀区人民法院工作,从基础文书工作做起,每年大约要处理240至270件案件。从2005到2007年,越秀区法院连续三年在收、结案数量上居全市基层法院之首。

当记者出了五羊地铁站,花了20分钟才找到被居民区和商业区包围的越秀区人民法院时,记者大概感到,今天要到访的地方确实很符合"基层"这一主题。在车水马龙的商业街背后,在安静祥和的小区横巷里,越秀区人民法院作为辖区内110多万人们法治公平之地,却不失庄严与稳重。据了解,从2005到2007年,越秀区法院连续三年在收、结案数量居全市基层法院之首。这离不开一批扎根于基层、服务于基层群众的法院工作者。2009年毕业于中国政法大学民商经济法学院的黄涛,就是其中之一。

黄涛给记者的第一印象就是充满年轻人的朝气与活力,在亲切的握手中,记者感受到这位来自四川南充的法官助理对在广州基层法院工作的热情!2009年的秋天,黄涛开始了他在越秀区人民法院的工作。在3个月的适应期中,他认真地从事了基础文书工作,接着便踏进了差不多1年的书记员历程。目前,他已经是越秀区法院刑事庭的法官助理,除了处理一些程序事务外,他更多地参与到案件审理当中,辅助主审法官,提供审判建议。老家在四川,在北京完成大学学业,却在广州工作,这是为什么? 黄涛笑着说,因为沿海地区法治思想相对开放,在广州能接触到各种类型的案件,尤其是新型的案件,这是他考虑的重要因素。然而,与很多人眼中"广州经济发达、待遇优厚"的观点不同,现实中基层法院的工作并不是什么优惠或享受。

来到黄涛的办公室,只见办公桌旁堆了四五叠齐腰高的案卷,使人觉得有点乱。他笑着说,这些案卷已经算少的了。桌面上是一份被翻阅了一半的文件,右边的柜子表面放着一本《刑事案例参考》。显然,在记者到访之前,他还在加班。加班——这样的非典型工作谈到加班,可把记者吓了一跳。据介绍,常规下班时间是下午5点30分,"一般我们都会顺延至6点半,那也不叫加班,7点下班算是正常"。那真正的加班呢? 必须加班工作到8点、9点。因为刑事庭的文件需要高度保密,所以只能在办公室完成,不允许带回家完成。"下班后先加一段班,到7点左右,到外面随便吃个饭,回来再加(班)。"黄涛拍了拍身边的卷宗说道。而且,很多时候不仅仅需要法官助理加班,主审法官也要"加入战斗"。

就在2009年末到2010年初的约3个月里,黄涛和主审法官为了处理一宗合同诈骗案,几乎每天都要工作到晚上10点。"合同诈骗的罪犯都可是有较高智商的,在作案时考虑到很多方面,顾及到要承担的风险。"黄涛瞧着不远处摆放卷宗的地方,仿佛在回味那段加班的日子,"我们要看完案卷,有用的页码折一折,关键的地方用铅笔涂、打钩、贴纸条……最后要把所有这些梳理出来,因为要呈现出来给人家看嘛。"当时,总共有150多本卷宗(光是公安局就送来50多本),每本都有砖头那么厚。听到这里,也许读者可以想象和惊叹如此大量的文件整理工作。"加班加到10点,回到家里洗洗就睡了,明天又继续了。"他似乎已经习惯了加班,说的时候语气也相当平淡。加班意味着基层法院的工作量大——先来看一组数据,在黄涛在基层工作的这两年,跟随"师父",每年大约处理240至270件案件,按照正常每年220个工作日计算,平均每天要处理稍多于1件案件。从记者的角度看来,在百里挑一的竞争中考上了公务员,应该是"捧着铁饭碗",生活无忧。然而,他的回答让记者把这幼稚的想法跑到九霄云外。"工作以后,你就会自然而然进入职业人的角色,会不自觉产生一份责任意识。这不是因为我们在法院工作才要特别负责，所有行业都是。即使你干的是自己不喜欢的工作，你也要把工作做好。"黄涛回忆道，"在我初来时那3个月，领导就说要转变思维。真的，不能麻痹，不能吊儿郎当，不然工作就做不好了。"的确，要应付基层法院的工作量，只有及时进入角色才能顺利完成。

基层——法治天下的基石工作繁重带来的可远不止是加班。因为加班而争分夺秒，也跟很多基层法院的工作者一样，黄涛"练成"了10分钟解决一餐饭的"本事"。午饭还好，总算叫作定时开饭，晚饭却经常不定时，对肠胃伤害不少。黄涛曾经有一段时间犯胃病，"现在可能习惯了。"此外，当记者问到业余有什么兴趣爱好来舒缓工作压力时，得到的回答也是意料之内，"平时单位里都有组织一些体育活动什么的，但参加的确实不多。下班之后时间也不多了，还要处理一些私人的事，基本上没留什么时间娱乐和放松了……"

除了工作上的高要求，日常生活中，黄涛也接受着考验。虽然作为一名公务员，有稳定的待遇，但广州这种大城市的高消费水平，也让初出茅庐的黄涛只能选择朴素的生活。每天下班以后，他都需要骑半个小时的自行车回到位于海珠区的出租屋，每次骑车回家的路上，经过繁华的夜市，他都会情不自禁地想起远在家乡的亲人。

基层工作如此艰苦，是什么原因促使黄涛做出留在基层这样的选择呢？又是什么动力鼓舞着黄涛坚持这份工作的呢？"我在选择这份工作的时候已经考虑清楚了，也是在充分了解这份工作之后才做出选择的。"他坚定地答道。选择基层，就是为了要得到更多的锻炼。虽然基层的工作量较大，但这正是一种最好的锻炼。"有再高的目标，也要先经受锻炼，这是基层工作最有意义的！"事实上，两年半多的工作经历也向世人证明，黄涛当初的选择没有错误。他总结说，在越秀区法院的工作，是他在人生的重要过渡期，让他从学生变成了社会职业人，养成了良好的生活工作习惯，逐渐形成了正确的思维模式、社会意识。"不管我以后的道路如何，但现在打下的基础应该来说是非常重要的。"当被问到选择基层工作是否后悔时，他毫不犹豫地说，"至少到目前为止，我没有后悔选择到基层法院工作。"

　　当与记者谈到"未来的目标"这个话题时,黄涛如是说道:"有机会的话还是想进入一个更高的层次,让自己的眼界更开阔一些。而且更重要的是,在母校学习法律这么多年,自己总是有那么一份社会责任感,希望法治思想能在更广阔的平台得到贯彻,毕竟相对而言,在基层,这种影响还是相对有限的。"此时,想到今年是母校 60 华诞,"我们也希望法大人遍布全国,担任着'领导'职位,到时要贯彻法治就容易多了!"黄涛笑着说道。可见,跟很多在基层奋斗的法大人一样,黄涛也是怀着一份"法治天下"的心愿。并且不是空怀有这份心愿,而是付之于行动!

　　除了日常的工作以外,黄涛还积极参加课题研究活动,曾经在广州市中级人民法院的组织下参加了关于《刑事诉讼法》的刑事案件审判期限修改的调研。对于业务上的问题,也经常与同行交流、向有经验的前辈请教,学习处理各类案件的步骤,借鉴他人的思路,总结相关的原则。"工作太忙了,很难挖一块时间来专注地学习、进修,"他表示,"我们这些知识也不是空说理论,所以,要在工作中,在具体案件里不断积累。""当然,群众的意见也是很重要的,和谐社会嘛。"黄涛向记者介绍道,"全国的法院都很重视这个,我们基层法院就更加重视!我们每个法官都有一个信访档案,所以,做出判决的根据和程序一定要让群众信服。另一方面,在受理案件时,尽量为群众提供方便……"

　　在黄涛与记者亲切的交流中,不知不觉两个小时过去了,最后,他与记者又聊了很多关于法大的回忆。学校民法学的朱庆育老师给他留下最深刻的印象,"老师上课很逗,总是喜欢以买菜、掉进坑里来举例子,说到激动的地方,就把他的长发一甩……""真的很想回母校!"黄涛对记者说,"法大教会我最重要的,是她给我们的危机意识,社会竞争的激烈,大家在法大校园里都那么的用功,都想着为自己远大的目标拼搏。从我们考研时的占座就看出来了……在这么一个环境中,你一定会努力的!"

李伟华:法大学子,军营放歌

文/蒋燕

人物简介:李伟华,湖南人,2009年毕业于中国政法大学,法大第一届国防生。在四川省邻水县武警中队任副队长,所在中队负责保护邻水县强制戒毒所、看守所和监狱的外围安全,曾参与抓捕邻水一特大制毒贩毒团伙,抓获团伙20余人,缴获60多公斤毒品,300余万元毒资。

"寒风飘飘落叶,军队是一朵绿花,亲爱的战友你不要想家,不要想妈妈。"这一首《军中绿花》,是每一个法大人在八达岭长城下难忘的回忆。在那短短的20天中,我们披上军装,感受军人的雄姿勃发。其实,还有这样一批人,他们从进入法大的那一天起,就与军人这个名字结下了不解之缘。他们,就是国防生。

李伟华是中国政法大学2009届毕业生,目前在四川省邻水县武警中队任副队长,也是法大第一届国防生。

精致的南方小城清润宁静。武警中队的新营地坐落在城郊的一处小山坡上,远眺华蓥山峰峦起伏,近观菜畦青翠可爱,俯瞰周围人家炊烟袅袅,可谓景色宜人。小城烟火气浓重的生活近在咫尺,墙内却是纪律严整的军营生活。武警中队旁边就是邻水县强制戒毒所、看守所和监狱。李伟华所在的武警中队不仅负责保护监狱的外围安全、预防和防止犯人越狱,节假日期间还要派专人在街道以及汽车站等场所维护秩序、保障安全。不仅如此,上深山老林抓毒犯、逃犯,也是稀松平常的事情。他说道:"虽然现在的监狱都安装了智能监测系统,但是职责在身,一刻也不能马虎;平时的守卫工作更是复杂琐碎,需要耐心与细致。"

李伟华来邻水工作两年,这已经是他在这个小城里度过的第二个春节了。虽然每年有一次假期,但是很少能够在过年的时候和家人团聚。即使是这样,他仍然十分喜爱自己工作的地方。有一次,在城里执行完任务,已经夜里11点。他独自走在已经空无一人的大街上,内心油然而生一股满足:自己守护的小城,真的很美好。

"四年四度军都春,一生一世法大人",李伟华是中国政法大学的第一届国防生,当年唱着"军中绿花"走进法大的青涩小伙们,如今分布在祖国各地,在各自的岗位上用平凡的守候,默默地诠释着法大的精神。记得那年9月,故乡的雨还是下个没完,昌平的阳光却格外灿烂。天特别的蓝,特别的高,仿佛在向这群年轻人显示着朔方特有的爽朗。来自湖南的李伟华当年是孤身离家前往京城求学,如今服从分配,南下小城工作。作为第一届国防生的他们,当时受到了校领导格外的重视。辅导员和教官们对这群小伙子们也是十分地照顾。谈到这些,李伟华的感激之情溢于言表。对于李伟华来说,在法大的四年是充实而快乐的,是人生的一笔宝贵的财富。当年的好战友、好兄弟,如今已经散落在天涯海角和李伟华一样守卫在祖国的大江南北。

遥想当年在法大的日子,恍若隔世:不论是酷暑炎炎的夏日,还是寒风凛冽的严冬,寝室里那个憨厚的大个子总是会天不亮就冲向图书馆帮全寝室的人占座;正和校友在沧海云帆上唇枪舌剑,激战正酣时,室友总是会从七八袋南方风味的快餐中丢过来一份他最喜爱的"菜肉丝盖饭";阳春三月,春光明媚,踏青的邀约总是络绎不绝。那个时候,热心的班委早早组织好和民商的班级联谊。他回忆道,只有男生的国防生班在法大还是头一遭,于是,他们班委时间成了香饽饽,邀约联谊的班级都踏破了班委的门槛。同样难忘的还有那些和社团的师兄师姐以及同学们在一起的日子。

在那些时光里,大家一同努力,一起成长,一起传承和发扬社团和部门的精神,一起走遍了昌平的山山水水,一起吃遍了北京的大街小巷。法大的课堂也是一道风景。李伟华在法大时,记忆特别深的是洪道德老师的课。当时教室里人满为患,甚至有人在地上丢纸条但求一席之地能站得住脚。上课、自习、期末考、食堂、春游、社团……时光就在法大,以湛蓝清澈的青春为背景,旋转、升腾,让记忆厚重,也将成长诠释。四年的时光异常的短暂,和战友、同学、教官、辅导员、法大顷刻就要分开。在国际交流中心的告别联欢会上,学校领导特地前来慰问即将告别母校走向工作岗位的第一届法大国防生。这些身着军装,即将绽放在属于自己舞台的国防生们,和陪伴自己四年的辅导员和老师依依惜别,心中满是回忆,满是不舍。他说,最难忘的还是登车的那天,就在那个出入无数次的南门,就在那个经过无数次的主楼前,就和那些陪伴自己四年的好战友,开往火车站的汽车就这样驶过,就这样分别。那一天,昌平的天还是那么蓝,那么高。

在法大生活四年,李伟华深深地感谢母校给予他的一切。他感谢四年系统的法学学习锻炼了他的逻辑思维,他笑道:"现在看事情都会一个构成要件一个构成要件去分析。"相信,法大良好的学风也影响了每一个人。人生的旅程才刚刚开始,毕业,从来不是一个故事的结束,而是另一个故事的开始。

2009年6月30日,当踏上离京的火车时,李伟华明白,他只不过是一过客,但是法大对于他来说却是永恒。在武警广安支队教导队参加近一个月的反恐集训之后,经历了窝在康明斯货箱中的颠簸,李伟华迷迷糊糊地来到了华蓥山——双枪老太婆的地盘。接下来的日子就真正有了一点艰苦卓绝的味道了。他回忆道:"印象最深的是遍布的黑煤窑、废弃监狱改建的养猪场以及拉煤卡车扬起的夹杂着浓浓的猪排泄物味道的漫天灰尘,还有那战斗机般的山蚊子。这些让我充分地感受到了它们对我的浓浓的爱。"一个月后,只洗了五次澡的他带着浓浓的汗臭离开了那缺水的深山,来到了合肥。而李伟华来到广安的第一年,就居住在这华蓥山上一个黑煤窑改造的军营里。地处偏僻、交通不便不说,连取水也很成问题。每天大货车呼啸而过,不是尘土飞扬,而是煤渣飞扬。想当年和同学们一起抱怨昌平的风沙,没想到在这湿润的南方竟要忍受这样的艰苦条件。

在合肥匆匆的十个月的岗前培训之后,李伟华回到了广安,来到目前这个单位——武警邻水县中队。来到邻水的第一天,中队长就给他介绍驻地情况:

邻水是一个"民风彪悍"的地方。当时他不以为意,并不把这四个字放在心上。半年后,有一次公安局的情报显示,邻水一特大制毒贩毒团伙藏匿于华蓥山某处。经过五天六夜的奋战,武警邻水中队成功抓获该团伙 20 余人,缴获毒品六十多公斤,毒资 300 余万元。之后不到一个礼拜,又解决了一起吸毒人员劫持人质事件。此后,他才深刻地体会到"民风彪悍"这四个字的含义。在部队,最怕的就是逢年过节。到部队之后,李伟华才深刻理解到"百姓过年、部队过关"这句话的含义。就好像今年春节时,为了保证驻地人民能够过一个安稳和谐的年,武警必须在城区大街上巡逻以及在人流量大的车站执勤。而在每年的这个时候,老兵已经退伍,新兵尚未下连,部队兵力紧张,整个中队都是在连班倒,很难有休息时间。而今年特殊情况又特别的多:李伟华持续半个多月每天早上七点前往川渝交界某处,晚上十点左右才能回到部队休息。元宵节那天,李伟华刚刚回到营区,就遇到一位战士腹部突然剧痛。他来不及休息,马上就带他到县医院检查治疗,直到凌晨两点才回到部队。虽然在部队刚刚工作两年,李伟华对自己的工作还是颇有感触。他感慨道:"作为一个干部,个人觉得最为难的是,当自己特别想家的时候,还得尽力组织活动,安排好生活,策划好娱乐项目,疏解战士们的忧愁。当看到这群离家万里的小伙子们开心的笑容时,顿时忘记了其实自己也只是一个离家的孩子,同时也更加深刻地懂得了部队的干部,既要当爹,又要当妈。"今年三月,李伟华就要升为中队长了。谈及未来,他打算继续在军营里坚守岗位,认真履行自己的职责。当年毕业被分配到这个小城,即是有缘;不论是在校的学生还是毕业的学子,曾经来过法大,即是有缘。从法大毕业不过三年,他的人生,才刚刚开始。一个川东的县城虽小,却也是祖国的一份子;小县城的人虽不多,却组成了千百个渴望安定与幸福的家庭;作为武警中队副中队长的李伟华虽不是名扬四海、身居要职,却同样彰显着法大的校训:"厚德 明法 格物 致公"。

　　(记者　蒋燕)采访手记仅凭着三个电话号码和师妹的名号,就想在过年期间找到忙于工作的法大校友,说实话,心里还真有些忐忑。没想到,电话那头的师兄师姐十分热情,都很高兴能够认识在校的小师妹,并饶有兴致地打听着母校的情况。就这样,我找到了广安市的校友。广安市中国政法大学的校友有三个，但只有一位师兄的电话打通了。他是广安市司法局的一位科长，了解我的来意后，他马上就想到了李伟华师兄并问了我的电话号码，也提供了李伟华师兄的号码。当时已经接近中午，我本想吃完了饭再给师兄打电话的，没想到师兄竟然主动给我打了电话，我的激动之情自然是溢于言表。后来才知道，在广安的这几个校友一直都有联系，前不久，还给这位最小的不能回家的李伟华小师弟过了生日。我这才明白，无论身处哪里，母校都是维系感情的重要纽带。正因为这样，对于我这个冒冒失失的小师妹，师兄们也是十分的容忍与欢迎。大年初四，我就去了李伟华师兄工作的单位。这个地方离县城不算太远，但前后已然是一派村野景象。从来没有进过军营的我，对眼前的景象感到十分好奇。李伟华师兄十分热情地接待了我，倒弄得我怪不好意思的。刚刚落成的军营十分漂亮，设施一应俱全。刚巧那一天广安市的领导还前来视察，李伟华师兄还要应付那一边，我就一个人在厨房里和炊事员大哥聊起天来。大哥十分可爱，做饭的手艺也是一流。虽然是军营，按道理是大锅饭，可是调料、配菜一应俱全。最让我感到惊讶的是，军营里的战友都是来自五湖四海，可是他们之间说话都是说家乡话，居然都能听懂。大哥还抱怨起了邻水话的奇怪之处，说自己刚来的时候闹了不少笑话，让我觉得顿时有一种错觉——军营的生活也很可爱。中午和师兄以及领导坐一桌吃饭，心中难免有一些忐忑。不过大哥的手艺着实不错，吃得很开心。吃完了饭，送走了领导，师兄带我把小小的营地转了个遍，还带我去参观了监狱。逛完之后，师兄搬出了自己的电脑，把自己在法大四年的照片都翻出来给我看。我想，如果不是我的话，这些照片应该会一直尘封下去。原来师兄在法大一直是很活跃的人物，对吃的东西也很有研究，还是沧海云帆上的老人，他在花开上的重返还曾引起过轰动。和师兄畅谈法大的种种，顿时觉得时光真的很奇妙，他创造了很多美好的东西，再把他们统统变成回忆。但是，法大没有变，她出奇地安静，出奇地淡定。无论我们经历了怎样波澜壮阔的人生，我们还是会因为同样来自法大的小师妹而联想起自己的大学生活，就好像王维对故乡的情怀一样："君自故乡来，应知故乡事。来日绮窗前，寒梅著花未？"

林智远:心素如简,人淡如茶

文/傅薇

人物简介:林智远,福建人,2003 年本科毕业后考入中国政法大学民商法专业。2006 年进入福州市中级人民法院,从书记员做起,后成为四庭助理审判员。工作 5 年中累计支办案近 700 余件,从 2008 年起连续四年,林智远的办案数量一直稳居全庭第一,多次被评为优秀公务员、优秀共产党员。

利落的平头,斯文的无框眼镜,还有谦和恬淡的微笑,"书生意气"——这就是林智远法官给记者留下的第一印象。虽在外求学多年,林智远法官却依然带着浅浅的闽南乡音,是个地地道道的福建人。他的办公室整洁干净,书柜里法学书籍分门别类整齐排列。两张木质座椅,一副素瓷茶具,林法官耐心地冲沏着铁观音,在茗香缭绕中,将其人生娓娓道来。书生意气,象牙塔内求真知热爱读书,勤于钻研的林智远在高中时就立下了攻读研究生的志向。2003年,本科毕业于中南林业科技大学的他凭着勤奋进取的精神和深厚积累的知识,考上了中国政法大学民商法专业,师从米健教授。在他看来,米健教授学术造诣极深,并有着温文尔雅的学者风范。他待人亲切,在为人处事方面亦是同学们的生活导师。米教授曾言"每个人在心里都要保留有一方净土",这句简单、质朴而又意味深长的话一直在林智远的耳畔回响,伴随着他走到了今天。林智远法官至今仍然怀念在法大的美好时光。他清晰地记得研究生入学典礼上江平老校长的铿锵鼓舞;记得图书馆复习司考时同伴们的孜孜向学;记得李永军、赵旭东老师课上占座的火爆场面；更记得在四号楼那个男生宿舍里，因学术争论而产生的一场场唇枪舌剑。"法大的学术氛围非常浓厚，经常有各行业、各领域的学术前端人士在法大举办讲座，"林智远法官说，"给我印象最深的是龙卫球老师的博士论坛。"只要有时间，他都会去听各种各样的学术讲座，体味思想的熏陶和学术的魅力。课程之外，在米健教授的引导下，同门学子间还经常举办读书沙龙活动。"我们提前约定好大家都看同一部书籍，然后在一个月后的某个周末借个大教室，或者在老师的办公室进行聚会，畅谈读书感想。"提及印象深刻的书籍，林智远法官走到了他的大书柜前，拿出了卡多佐的名著《司法过程的性质》，"卡多佐是美国联邦最高法院的大法官，我很向往英美法系法官的个人魅力。"他说："同学间的思想碰撞非常热烈，在一次次的交流中，大家分享着彼此的独到见解，而其个人的法学素养也逐渐得到了提升，至今想来，受益匪浅。"献身审判事业，服务海西建设充实而短暂的 3 年法学学习生涯，给林智远打下了坚实的理论基础。在走出象牙塔之时，他有一份烟草公司的诱人岗位摆在面前，但他不忘初心，毅然选择进入了法院系统，"我就是执着于法律，非常希望能够学以致用，这是我的理想。"他笑着说道。从 2006 年 7 月至今，林智远务实肯干，从书记员慢慢做起，现在已是福州市中级人民法院涉外审判庭的一名助理审判员。福州开放程度较高，涉外、涉港澳台案件数量一直较多。到中院工作五年以来，他始终以人民群众的利益为重，在平凡的审判岗位上秉公办案、为民司法，保质保量地超额完成审判工作，累计支办案近 700 余件。从 2008 年起连续四年，林智远的办案数量一直稳居全庭第一，其中 2011 年共审结案件折合 166 件，调解 7 件，撤诉 12 件。此外，他还因表现出色，获得普遍好评，多次被评为优秀公务员、优秀共产党员，在人才济济的福州市中级人民法院脱颖而出。他曾经成功审理过一起标的额为 2000 多万的涉外案件，也曾成功调解过近年来福州中院调解结案中诉讼标的最大的案件，对树立福州市的涉台审判司法品牌、提升涉台审判司法形象起到了良好的宣传作用和示范效应。即使成绩斐然，他仍不骄不躁，处理每一件案子依旧如同沏茶一般细腻、专注。在审判工作中，他总是想当事人所想、急当事人所急，切实保护当事人的切身利益。他常常不辞辛苦，在双方当事人之间不停奔波,耐心细致地做当事人的调解工作,甚至为了一个标的仅仅1200元的小案子给当事人打了几十个电话。去年在审理一起民间借贷纠纷一案时,他给被告打了10多个电话,并多次召集双方到庭,终于使被告同意向原告一次性付清13万元。结案后,被告倍受感动,紧紧握着他的手说:"谢谢林法官。要不是你从中主持调解,判决后我还要走信访上访的路,不知还要浪费多少时间和精力。现在案件了结了,我终于可以抬头挺胸,重新开始了。"这样的例子,在他的身上的还有很多很多。"法官这个职业是神圣的。一个案件对法官来说或许很普通,但对于当事人来说,一生可能就这一次。人民群众把权力赋予我们,正义的法槌握在手中,我们有责任让百姓相信法律,让社会拥有公平。"他不仅是这么说的,也正实实在在地践行着他所追求的理念:做一名学术型的法官。在繁忙的工作之余,林智远还不忘加强"修炼":他多次参加业务技能培训,参与最高法院、省法院及福州中院的多项司法调研活动。迄今,他已编写了《婚姻家庭纠纷索赔》《人身损害索赔》《典型房地产改判案例精析》《房屋装修、维修与物业管理》4本普法书籍,并在《海峡法学》《福建审判》《闽都法官》《法制与社会》等期刊杂志上先后发表了30余篇学术论文。他积极参加并多次荣获法院系统学术讨论会全市一等奖、全省二等奖以及全国二等奖,并荣获2011年全省第五届优秀涉外商事海事裁判文书优秀奖。他的研究范围广泛,从涉台民商事案件到刑事附带民事诉讼精神损害赔偿研究,他都做过细致的钻研。同事们经常这样赞扬他:"文"能将理论赋予实践、"武"能将实践上升为理论。有时,为了写好一篇学术文章,林智远法官会在办公室里泡上一个月,搜集资料,不断修改。当记者问到,为什么在工作量如此之大的情况下,还要抽出时间来做这些本不属于法官职责内的事情时,他这样回答:"成为一名学术型的法官一直是我所心向往之的,虽然前路漫长,但我一直追寻这个理想。"发挥专长,学以致用,侧重学术,是林智远的追求和写照。"把职业当成事业是一件幸福的事"他如是说。

后记:心念母校,祝福法大甲子校庆之际,林智远法官衷心祝愿法大能够成为培育法学大师的经典名校。虽然与母校隔着千山万水,他仍不忘叮咛后辈:"希望师弟师妹们在读书时能够扎实基础,培养清晰的法律思维,尽可能在社团、文艺、学习等等领域展现自己的才华。努力拼搏,积累资本。"采访的最后,他说:"有时间一定会再回法大看看的!"如米健教授所言:"每个人都要在心中留有一寸净土",清净而后方能到达远大的理想。林智远,一名胸怀公平正义的司法工作者。他作为一名法律人,回到家乡,与这片土地一起成长。他献身司法,关注着在这片土地上发生的苦难,并尽己之力促使着这片土地成为公义之地,让这片土地上的人民活得更有尊严。他有着铁观音一般的清香雅韵,他的心也如同铁观音的茶水一般的明亮清澈。心素如简,人淡如茶。我们衷心祝愿他在法官职业生涯的道路上走得更远!

徐广成：基层熔炉，炼铁成钢

文/曾芳

人物简介：徐广成，2005年毕业于中国政法大学工商管理专业，被广西壮族自治区党委组织部选拔录用为广西选调生到百色市平果县榜圩镇工作。六年多来，从榜圩镇政府办事员成长为四塘镇党委副书记、镇长。他心系农村建设，调整当地农业产业结构、完善农村基础设施，为当地4000多人的生产生活谋福利。

他，扎根基层、真心实干，理想的虔诚指引着他回归大山和黄土，他是法大人，他在基层。他，就是法大2001级商学院工商管理专业的校友徐广成。他无私的奉献精神和追求卓越的品质正在造福一方水土，给那里带去法治的阳光，带去了发展的希望。

扎根·最基层

这里是祖国西南边陲的壮族之乡，是名震全国的"百色起义"发源地，曾经的右江革命根据地！这里是中国著名的生态铝工业基地，邓小平同志的"广西平果铝要搞"为这里的发展一锤定音！这里资源丰富、人杰地灵，有一位法大校友就在这片红土地上默默耕耘，在这一方水土上发光、发热、施展才华。与校友徐广成约访于农历年初十三,虽然正值周末,但他却跟正常上班一样繁忙。与记者见面时,徐广成刚从镇里返回县城,他的皮鞋和裤脚上都还沾着一些零星的泥土。是的,眼前的他,就是扎根在最基层、最真实的法大校友,朴实无华,令人动容。2005 年 7 月,徐广成从法大毕业,被广西壮族自治区党委组织部选拔录用为广西选调生到百色市平果县榜圩镇工作。六年多来,徐广成先后任榜圩镇政府办事员、城建助理、县委办公室秘书、副主任科员、新安镇党委委员、镇人民政府副镇长、县委办公室副主任、四塘镇党委副书记、镇长。"基层是个大熔炉,好铁必然炼成钢。"徐广成在乡镇、县直和区直机关等多个岗位的任职和锻炼,展现了一个基层干部的成长和逐渐成熟的历程。

实干·最真心

不论在什么岗位,徐广成都坚持"踏石有印,抓铁留痕"的实干作风,以优异的成绩取得了组织的信任和人民群众的拥护。落而不实则抓铁无痕,抓而不紧则踏石无印。"如果心存浮躁,没有耐力,在基层是做不好工作的。"徐广成深有感触地说。"青年干部从来不缺少评判,而是缺少实干!"徐广成经常以此来提醒自己。六年前,徐广成刚到平果县榜圩镇工作。听说北京的大学生来到小镇,顿时全镇上下都沸腾起来了。在大家看来,"大学生""选调生"都是下来镀金的,干不成什么事儿。面对种种质疑,徐广成没有辩解,他要用事实给大家一个满意的回答。他从办公室收发报纸、打扫卫生等小事做起,早上 7:00 起床,7:30 到办公室,中午加班写材料,晚上写新闻稿。他的谦虚好学、热情勤快赢得了领导和同事们的好感,于是大家开始接触并不断交办事情给他。而每做一件事情,徐广成都能从中得到新的进步,不到半年时间,他就成了办公室里不可缺少的得力助手。2007 年 4 月,徐广成从榜圩镇调到平果县委办公室工作,担任第二秘书股股长,主要负责办公室的信息、调研及县委主要领导的材料准备工作。由于种种原因,办公室的信息和调研工作多年来在全区、全市的排名持续下滑。面对这一严峻形势,徐广成经过认真分析和思考,提出了制定信息奖励制度,将信息报送任务分解到人,并根据信息的采用情况进行奖励。同时,他率先垂范,坚持每周报送 3 条以上信息,以实际行动影响和带动本办人员积极主动报送信息。经过努力,办公室的信息工作取得明显好转,并先后荣获了 2007 年全市党委系统信息上报工作一等奖、2008 年全区党委系统信息上报工作三等奖、全市党委系统信息上报工作一等奖。期间,徐广成还充分发挥个人专长,在《广西日报》《当代广西》《右江日报》《百色工作》等报刊及新闻媒体发表了新闻报道 240 多篇,调研文章 12 篇,先后荣获了广西主流宣传战线的多项奖励。2009 年 6 月,徐广成调任新安镇党委委员、镇人民政府副镇长,开始走上了领导岗位。到任不久,广西城乡风貌改造一期工程正式启动。作为分管领导,他每天第一个来到工地,晚上最后一个离开。由于时间紧、任务重,他提议建立工程进度日汇报、周通报工作制度,以便及时解决问题,促进工作开展。在全镇上下的共同努力下,截至 2009 年 12 月底,共完成房屋立面改造 52.64 万平方米,修建坡屋面 1.74 万平方米,初步形成了以蓝天白云、青山绿树、碧水红瓦为代表的壮乡建筑风格。由于表现突出,徐广成因此被评为广西全区城乡风貌改造一期工程先进个人。2011 年 5 月,徐广成调任四塘镇党委副书记、镇长。新的工作岗位,给他提供了更大的服务平台。担任镇长一年多来,他紧紧围绕“农民增收、农业增效、农村发展”这一目标,大力调整农业产业结构,2011 年全镇新扩种葡萄 1000 多亩,甘蔗 2800 多亩,发展林下养鸡 75 户,养鸡规模达 150 万羽,实现了全镇人均同比增收 600 多元。通过争取上级项目资金,不断完善农业农村基础设施,先后实施农村道路 20.6 公里,解决了 4000 多人的行路难问题等等。“基层是个大熔炉,好铁必然炼成钢。”几年的基层实践工作中,他认真履职,在新的平台上大胆构想和创新,不断提出新方法新思路,扎实推进全镇各项工作的开展。他是一个梦想家,更是一个实干派。这便是法大优秀基层校友的真实经历和生动写照。

理想·最虔诚

毕业之初,面对着城市和农村的艰难选择,徐广成坦言虽然当初有过一丝犹豫，但从来没有后悔。根植基层，心怀理想。徐广成从事着平凡而又普通的工作，却一直坚持用实际行动践行着服务基层、服务群众的宗旨。记者有幸采访到徐广成的同事，毕业于厦门大学的硕士研究生，2009届广西选调生小潘。小潘对徐广成的评价是"心怀理想，做好当下。"她谈到，他们俩第一次工作上接触时，徐广成已是县委办副主任、县委书记秘书。但他显然没有一点架子，说话态度和蔼、真诚。记得有一次县里组织文艺晚会，小潘拿着宣传部草拟的活动方案交给徐广成，由他转呈县委主要领导审定。来到徐广成办公室后，发现碰巧有群众来访，于是她就在一旁坐等，看看眼前这位师兄如何应对。来访者是一位60多岁的老大爷，徐广成和他正对面相坐。徐广成一边认真聆听来访人员反映情况，一边在笔记本上飞快地记录着，不时地插话询问一下。就这样，来访的老大爷向徐广成前后共倾诉了近1个小时，才把事情说完了。整个过程，徐广成不但没有表现出一点不耐烦的情绪，而且还认真地倾听和记录。最后，来访的老大爷说，他每年都来县委办反映问题，但是没有哪个领导认真听他说过，因此他被徐广成的真诚、热情所深深感动。出门的时候，他回过头说："徐秘书，不管这个事情处理的结果怎样，我都非常感激。你放心，只要你在这个办公室，我绝对不再给你添乱！"事后，小潘问徐广成是否对来访人员都那么热情？徐广成说："如果还有其他解决办法，老百姓就不会选择上访。所以，对来访人员一定要加倍热情，让群众心里多一些温暖和宽慰。"不只是倾听，更是抚慰。这就是法大校友徐广成在工作生活中以人为本的情怀，至情至性！一个人要做到尊重强者很容易，但要做到尊重弱者却更可贵。如果心中没有理想、心中没有百姓，就不能真正服务基层、服务群众。从徐广成身上，我们看到了对弱者的尊重，对公平正义的敬畏！"老少边贫地区，更渴望发展，更需要人才。"最后徐广成引用了一句古语"宰相必起于州郡，猛将必发于卒伍"寄语希望能有更多的法大校友积极投身基层，到基层去，到群众中去，到祖国最需要的地方去！"基层是个大熔炉，好铁必然炼成钢。"他也号召现代大学生能够转变就业观念，来到基层学习和锻炼，做出成绩获得发展并奉献社会。"这里有广阔的天地，这里是青年人成长成才的好地方"徐广成真诚地说。

法大·最怀念

　　法大,给徐广成留下了太多的美好回忆。他坦言,一个人独处的时候,他会经常想念那些大学的舍友和同学,想念那些名师教授,想念那里的教室、树木、花草……曾几何时,在阳光明媚的周末,他和同学们带着干粮和水,骑着自行车到十三陵水库看书,从东方初白一直看到日落西山;曾几何时,在"非典"肆虐的盛夏,他和同学们坐在图书馆前的露天阶梯上,聆听杨帆老师畅谈人民币汇率问题;曾几何时……徐广成曾是商学院学生会分管宣传、生活工作的副主席,他认为,在校期间积极参与学生活动,可以锻炼组织协调能力,可以增强与人交流沟通能力。"把参与社团活动当成一种兴趣,一种体验,它会给你带来很多的收获。这些收获,也许当时不易察觉,但总有一天你能体会。"在采访中得知,徐广成还是法大具有至高荣誉的第三届"学术十星"的获奖者,获奖论文主要探讨农村土地交换的问题,这是商学院第一个凭借本专业论文获此殊荣的学生。徐广成满怀深情地说,非常感谢商学院的老师,那些熟悉的面孔,那些熟悉的名字:孙选中、马丽娜、李欣宇、孙忠群、支小青、田兆军、杨帆等等。特别是他的"学术十星"获奖论文同时也是毕业论文的指导老师张国钧教授,张教授的教诲一直让他铭记于心。回忆起当初在法大求学的四年时光,徐广成不禁感叹时光飞逝。四年的大学生活徐广成坦言收获颇丰。在学校,不仅学习到工管专业和系统的法律知识,更重要的是培养了一种学习和做事的思维方式,使他能够用客观的态度和科学的方式去寻找事情的解决方法。为了增强自身的履职能力,徐广成还时时不忘给自己"充电"。"有事情的时候做好事情,没事情的时候就读书。"他谈到在基层工作中,学习的方式是多种多样的。首先是从书籍、报刊、文件中学习,其次他也通过参加各种培训班进行学习。徐广成认为工作过程中最重要的就是向有经验的人学,这样可以少走弯路。增长自己的见识,优化自身的处事方式。六年多的基层砥砺,徐广成对于法大"厚德、明法、格物、致公"的八字校训有了更深刻的理解。他认为归结起来就是：以道德为底线，以法律为准绳，实事求是，构建和谐。他谈到，这是我们一切工作的出发点和落脚点，它必将指引着每一个法大人不断奋勇前进。

校庆·最期愿

当得知中国政法大学将迎来 60 周年校庆时，徐广成感到很激动。他说："在遥远的基层，接到这一份母校送来的特殊问候时很是亲切。我作为法大的一份子，看到学校近些年来的发展都会从心底里感到无上的光荣和欣喜。母校没有忘记我们，我们的心也时刻牵挂着母校。他谈到，这一项基层校友的采访活动，也是对他们这些基层工作者的鼓励和鞭策。母校迎来 60 华诞，徐广成确有千言万语！他说，作为一个平凡的人，把每一件平凡的事情做好，就是不平凡。因此，作为法大学子，要时刻牢记"昨日我以法大为荣，今日法大以我为荣"，不论身在何时、身在何方，都要干一行、爱一行、专一行，努力为一地建设，一域发展，一方稳定尽心尽力！我只有用更好的工作，来报答母校的深恩，这也是我为法大 60 周年校庆送上的最诚挚贺礼。""四年四度军都春，一生一世法大人。最后，祝福法大的明天更加灿烂辉煌！"徐广成说。

编后语："百尺之塔，起于垒土；千里之行，始于足下。"基层工作并非常人想象中那样惊涛骇浪，大多数时间他们都是在做着极其平凡而又琐碎的日常工作。徐广成热心于他的工作，专注于他的工作。在机会前寻求发展，在平凡中创造不凡。经过对徐广成校友的采访，我更能感受到基层工作的重要性，它同样是乡村工作中不可或缺的一个环节。所做的事情虽小，但是就是这一件件惠农惠民的小事促成了基层农村发展的大跨步，才谱写了社会主义新农村建设的新篇章。尽管在乡镇的条件比不上城市好，但是凭着顽强的意志和坚定的信念，他已深深扎根在基层，正实现着自己的梦想。年仅 29 岁的徐广成已经在这一片红土地上描绘出了一段精彩的人生轨迹，相信在未来的日子里他一定能够把精彩延续下去，把梦想延续下去！

杜枫：理论到实践，学习到创新

文/苏云云

　　人物简介：杜枫，中国政法大学本科毕业生，安徽大学法律硕士，现为安徽省阜阳市颍上县法院院长。毕业后选择回到家乡，为阜阳当地的法治建设出力，在工作岗位上不断学习，提升自身；积极普法、制度创新扎根在依法治国的最基层。

理论篇

　　杜院长1994年回到家乡阜阳后就进入了当地的法院工作，在法院中的法官培训中心任职。而在法官培训中心，令他收获最大的是讲课的经历。在90年代，中院的大学生，特别是中国政法大学的大学生，阜阳几乎没有，跟杜枫一同进入这个培训中心的四个人只有他一个大学生。当时，法官的综合素质普遍比较低，因为学历最高，杜枫就被安排从事教育工作，还曾带着法官们学习也并非自己强项的英语。后来在全市有一个法官素质提高工程，法官培训学校就成了相当火的教育基地，而随着培训的结束和大学本身的教育，现在的法官培训学校只是一个空架子了。然而，成为老师是杜枫工作后面临的第一个挑战。当时的教学内容包括基本的民法、刑法、刑诉、民诉法，通过从事教职工作，他在备课的过程中又把自己在大学中学到的法律知识进行了巩固。但这只是理论的巩固,对实际的案子却从来没有接触过。从不敢上课到在讲台上放开讲,他在慢慢锻炼自己的口才。1996 年,《中华人民共和国行政处罚法》在全国实施,这是规范我国行政处罚的第一部成文法,为进一步推进这部法律的贯彻落实,市政府法制办从法院抽调人员,杜枫以此为契机,进入法制处工作。

学习篇

　　虽然当时的法制处人很少,加上处长才六个人,但杜枫一直在不断学习、锻炼自己。法制办的地位是很重要的,因为它负责对全市行政机关在执法方面的监督和监察,包括对市政府制定的规范性文件的审查,起草政府的规范性文件,就相当于小立法。所以法制处的工作对文字水平的要求很高,虽然是地方性规范性文件,但它的用词用语跟法律是一样的。另外,它还兼着对全市行政执法人员的培训,而全市的行政执法人员大概有两万多人。所以,杜枫去到法制处后,首先就把行政处罚法学习一遍,然后以他们的理解形成讲稿,为行政执法人员讲解。这个工作是相当有意义的,因为那时没有成文法的规定,国家的行政处罚是非常乱的,随意处罚,打凭条收钱的现象太多了,执法人员没有形成特定的规矩。另外,法制处还要求各个部门对本部门的行政处罚规定进行梳理对比行政处罚法,去除不符合的规定。经过多次梳理,群众来信反映监督等方式,全市的行政处罚渐趋规范。在当时没有统一的行政处罚法的前提下,各机构各自为政,不仅有人将所收罚款汇进私人账户还设立违法处罚机构行使行政权。不得不说,在这个过程中,杜院长见证了中国法制化在行政处罚法方面的进程。在杜枫院长正式于 1997 年调入法制处时,法制处改名为法制局。政府机构 2000 年改革时,法制局成了办公室的二级机构。后来它就独立出来了,改称为法制办,成为政府级单位。法制办在他心中具有独特的地位,正是在这里他学习到了各种知识,在他眼中,法制办的每一步发展都与中国行政法制史密不可分。不管是 2006 年的行政处罚法,还是后来的行政诉讼法,抑或是其后的依法行政纲要,每一部法律的出台对法制办都是强化剂,法制办对行政处罚法和行政复议法及清理许可项目都进行参与,这无疑是他们锻炼和发展自己的好机会。而他主要是负责市政府行政处罚条例的审批和审查,这是一个需要细心和耐心的工作。虽然阜阳市没有司法权,但市政府可以根据现行法律制定规范性文件,很明显,这个规范性文件相比于法律更符合当地的实际情况,更具有可操作性,而他自从1996年进出法制办就一直从事这项活动。并且他还从1996年起就一直对政府的法制性文件进行汇编,即使在现在,这项工作在市政府法制办也是很重要的。杜院长还回忆到,当时刚进入法制办的时候,做资料审查和审批是非常得罪人的。比如那时政府官员设立一个临时性机构分管精神文明建设,对于有损市容、胡乱摆摊设点的摊贩进行罚款。根据国家规定,临时性机构是不允许进行处罚的,也就是说这些罚款是违法的。面对这样棘手的问题,他们的观点很明确,这种现象是坚决不能出现的,如果市政府不让他们审查关于这些机构的所谓规范性文件,要自行出台自己的法规,他们是绝对反对的。所以,在这个过程中,他们得罪了不少人。但是在这个过程中,他们认识到的是,法制办发布的文件,他们会对其负责到底,敢于把自己制定的条例拿给大众看。鉴于他们认真而尽职的工作态度,市委的文件也交由他们来审查和清理。在法制办,杜院长还学到了勇气,面对高压也不放弃自己做人的原则。就这样,法制办的品牌打出去了,全市的执法机关都非常信任法制办。甚至说文件如果没有法制办的审查,市政府是绝对不会研究这个文件的。当时,杜枫和现任界首市法院院长的杜魁合称"二杜",成了法制办的品牌,杜魁院长主要负责行政复议案件,杜枫院长负责文件审查。可以说,法制办是一块净土,坚持为民服务,不向权威低头,恪守法制精神,所以这儿才能培养出四个院长。当时法制办这样一个人员安排在全省来说都是绝无仅有的,虽然杜院长从法制办调到颍上人民法院只是一个平调的过程,职位并没有得到提升,但是作为颍上县人民法院的最高领导也体现了组织对他的信任和希望。杜院长自己总结到,自己在法制办这十几年生活,收获是相当大的,学习到了大学永远也不可能学到的东西。其一是自身文字水平得到了相当大提高。现在法制办给人家上课,用的还是他当年所作的讲义。因为讲课的好坏代表着他所在单位的水平,讲课前要大量地收集资料,所以讲义做得特别完善。其次，在法制办这个地方，法律规范要有严密的逻辑性。而他审查规范性文件就相当于在挑刺，逐字逐句的挑包括标点符号。当时各个部门的法制性文件，往往都存在相当大的问题，一方面是水平问题，另一方面是工作态度问题，他们就相当于一个加工厂，把粗的东西加工细。另外，当时法制办被称为市政府的第二个秘书科，要为领导准备材料——会议材料讲话稿。对杜院长来说，这也是一个不小的锻炼。其二是在规范自己行为这方面学习到了很多。市政府是一个非常讲规矩的地方，尤其是他们的办公室处在市政府的核心区域。从法制办出去的干部，领导的信任是根本，相信他们会规范自己的行为，不会出问题。其三是锻炼自己的服务水平，服务能力。在领导身边对领导的服务，各方面都必须考虑更细。其四是培养了他的耐心和细心。细心不用讲了，在文字方面，法律规范不允许出现一点差错，尤其是成形的法律文本。所以他必须一字一句研究，培养了工作的耐心和细心。比如杜院长现在接待当事人，最久的时候能聊两三个小时，这时耐心的作用就体现出来了。对于杜院长来说，能为当事人排解一下怨气，分忧解难，他也是很乐意的。在法制办这几年，杜院长学习到了很多，当然，他人生中最精华的部分也献给了中国的法制社会进程。从开始硬着头皮写报告到后来掌握技巧熟练书写，他实现了质的突变。当年的法制办是政府系统中最年轻、学历最高的机构。他们最团结，口碑最好，人少却精干，他被提为科长时没人有意见。杜院长说，在法制办学到的不仅是知识和能力，还有不畏惧和认真的理念，这些都是深受当时法制办现亳州市法院院长贾臻正直而智慧的人格魅力的影响。

实践和创新篇

　　理论只有用于实践才能体现其价值，只有创新才能与时俱进。杜院长运用自身的法律知识将颍上法院拉回正轨，以制度创新激发工作人员工作的积极性。

队伍建设

2008 年杜院长从法制办调过来以后,发现这个法院是一个烂摊子。前任院长因为给中院领导送礼被处分,3 月份被免职,而杜院长是 12 月正式上任,所以中间有 9 个月法院是没有院长的,这种情况还真是不可思议。到年底的时候,颍上法院的接案率才 30% 多。那时,大部分法官都只是通过了初级法官考试,真正通过司法考试的很少,所以专业水平较低,很多法官都是凭经验办案。还有一个问题是,法院很多年都没任命过审判长,都是助审员在审案子。国家规定助审员是不能坐堂问案的,除非经过特殊批准,而他们却没有。有的助审员做了 20 多年还没有被提为审判长。审判员办案,助审员当审批法官,这是一件很荒谬的事情。在杜院长了解这个情况之后,就跟县委汇报了这个问题,决定不考虑助审员的级别问题了,否则审判无疑是违法的了,所以必须要任命一批法官。就这样,后来接连任命了几批法官。队伍建设这方面,还存在着很多庭只有负责人,而没有庭长的情况。法院庭长的任命是要经过人大批准、县人大任命的。而那时所谓的"负责人"一旦负责就是好几年。也就是说他们有这个职务职责,而没这个官帽,所以,杜院长又申请分期任命了一批庭长。队伍建设这一块除了上述之外,还包括教育培训、干警素质建设。队伍建设,先从干警的素质抓起,基层法院干警的素质还是比较低的。杜院长创新模式,为他们提供一个提高自身素质的平台,办了一个杂志,叫作《颍上法院审判》。过去干警们写东西无处刊登,也没有多少人认可。所以,他主持创办了这样一个一年四期的杂志,为他们提供展示自己的平台,并支付高于报社的稿费,以调动他们写作的积极性。还有就是网站的建设,颍上法院信息网,它给大家提供了写作的平台,而且范围更广,还可以反映法院的最新动态。这样一来,干警学习的风气就调动起来了,写作能力也得到了提高。通过平台的创新,他们有机会展示自己的才能,宣传自己,颍上县人民法院更是连续几年被省高院评为先进的宣传单位。干警的学习能力得到了很大提高,在无法从外部获取高素质人才的前提下杜院长只有想方设法提高内部人员自身素质。

廉政建设

杜院长说,法官不是金饭碗也不是银饭碗,而是水晶琉璃饭碗。端得好就光彩照人,是令人尊敬的法官,当不好就会砸烂它。在杜院长看来,要改变人的价值观是非常难的,特别是四五十岁的人。他亲自给他们讲课,告诉他们要算好六笔账:政治账、经济账、荣誉账、家庭账、健康账等。法官是高危职业,虽然已经是六五普法了,但社会的实际情况和学校的期望还是有很大的差距。中国社会法制痼疾就是中国是一个传统的人情社会,有些法官抵挡不住诱惑也是跟社会的大环境密切相关的。而颍上法院就重点抓廉政文化建设,达到润物于无声。办公楼的一楼到四楼都有廉政文化的宣传栏,每个人门牌上都有格言警示自己。杜院长说,宁可现在被大家骂,也不愿意到时候后悔。

资源整合

杜院长领导颍上县人民法院采取小额速裁的审判过程。虽然阜阳没有试点,但他们借鉴最高法院文件,小额速裁主要是为了方便当事人。自从去年成立以来,100多件案件中有66件是当天结案,这样非常方便。资源整合后,他们办案效率就提高很多。以前法官将案子放在一边等年底才看。这种方式不能保证办案效率。以前颍上人们法院是年度考核法官办案情况,现在是季度考核,法院会评选办案标兵,当场给予奖励。在杜院长看来,提高案子质量和接案率是最重要的,毕竟办案才是法院的主业,而其他活动弄得再热烈也没用。在法院的法官培训学校,他梳理巩固了自身的法律知识,为理论应用打下坚实的基础;在政府法制办,他学习提高文字水平,学习规范自身的行为,学习为他人服务,学习如何做到耐心,为阜阳的法制建设默默奉献;在颍上县人民法院,他辛勤耕耘、普法的同时创新法院模式,无论是杂志、网站还是廉政精神的培养,都令人不得不肃然起敬。

陈冉冉：我不是女神

文/陈金波

人物简介：陈冉冉，女，29 岁。中国政法大学 2007 级本科生、2011 级研究生，就职于君合律师事务所。2016 年参加《最强大脑》，在中日国际对抗赛中与土屋宏明双双成为"脑王"候选人。中日对战之后，陈冉冉毅然退出了"脑王"的角逐，回归平常的生活。

陈冉冉，"心算女神""中国速算一姐"，惊艳登场，又悄然隐退，她是一个法大人？是的，她是法大 2007 级的本科生、2011 级的研究生。

陈冉冉：我不是女神

"不论是相貌，还是举止，我都没有女神的范儿，很多是节目剧组包装出来的。"在 3 月 18 日《最强大脑》中日国际对抗赛中，双方打成平局，两国心算界顶尖选手陈冉冉与土屋宏明双双成为"脑王"候选人。

生于 1988 年的陈冉冉，从 7 岁到 19 岁一直是国内心算界的新星：

小学五年级，加入解放军军事经济学院心算队；

2004 年，夺得世界珠心算比赛个人全能冠军；

2005 年，获得全国第二届珠心算总冠军，并创造个人全能、乘算、除算、账表算等4项全国纪录。

直到高考,陈冉冉才选择了自己想去的学校:中国政法大学。

"大学,能够玩就要玩啊"

2007年的夏天,理科出身的陈冉冉,翻看着高考报考手册,很快就跳过所有的理工科专业,最后挑了一个文科专业:法学。"我对社会科学就比较感兴趣,法学是社会科学里比较实用的,比较贴近实际生活,学法学,会对整个社会领域有比较宏观全面的认识,在大学这个时期,这方面的见识和思考能力是最重要的。"

大学时,陈冉冉一个人去台湾省旅行。那年9月,陈冉冉成为法学院的一名学生,住在兰园3号楼。跟之前的"叱咤风云"相比,大学里的陈冉冉显然十分平常:搬着小板凳去听名师的课,排着队去听"博闻论坛",其余时间则宅在寝室,看看美剧。"同普通人一样,期待工作充实但不要太辛苦,期待有品质的生活、甜蜜的爱情,平时在一起常常忘了她是世界冠军,这也许是她厉害的地方吧,接地气。"同学胡燕是陈冉冉从大学开始的"闺蜜",她眼中的陈冉冉,低调、聪明、踏实、喜欢旅游、幽默中不失小女人。她也会因为追《波士顿法律》,而忘记看书,一番反省之后,在社交网站上敲下"我要好好学习了",以示决心。好友们此时会出来调侃:"心算大师",然后开始聊起法律诊所的日常。毕业时,陈冉冉与自己的偶像江平教授合影。

她也会因为大家没发现自己烫了头发而失望,也会因为跟江平教授套近乎成功而兴奋,也会为码论文而焦头烂额,也会突然对台球、KTV而流连忘返。她很享受昌平安静、独立的环境,"这是适合读书、适合思考的地方。""大学,是我目前为止,最快乐、最自由的时光。"在陈冉冉看来,玩耍是大学最重要的事情,"在玩耍中,我收获了人生的两个宝物,一个是发现自己感兴趣的东西,一个则是7年、10年的闺蜜。"

2011年,陈冉冉成功保送法大的研究生,成为王涌老师门下的一名学生,职业生涯的规划才正式成为陈冉冉的议题。

"因为律师很酷啊"

在陈冉冉的朋友圈里,时常出现"老东家",浙江宁波的一家法院。在 2014 年研究生毕业后,她通过公务员考试,考入了老家宁波的一家法院。这个决定是出于平衡职业与生活,但她很快发现,这与自己的最想要的生活有些格格不入。2015 年,她又杀回北京,加入君合律师事务所。"律师相对自由,更能锻炼人的专业能力,更重要的是很酷、很精英范。"但同时,初入律师职场的陈冉冉也感到了自己的压力:"特别忙,每天跟打仗一样,没有闲下来的时候,晚上也会经常加班,每天九十点钟也常有,我特别想平衡一下,现在在起步阶段。"

就是在 2015 年三四月,《最强大脑》节目组开始与陈冉冉接洽,一直谈到 8 月才正式签约,"我基本没有功夫练,也没那么重视,到 10 月了,才通过上下班地铁上看题目进行练习,周末再练一小时。"在晋级赛上,陈冉冉并没什么压力,参加《最强大脑》的事情也只告诉家人和闺蜜,"老板也不告诉"。但到了国际比赛时,陈冉冉开始背负巨大的压力,"南京,一个那么敏感的地方,压力可想而知。"

在中日对战之后,陈冉冉毅然退出了"脑王"的角逐,她用法律人特有的口吻表达了自己想法:"脑王是个人的荣誉,我没有争取的义务,但有放弃的权利。"

就在大家回味着《最强大脑》中"心算女神"的惊艳表现时,陈冉冉早已穿上往日的衣着,拥挤在人来人往的北京地铁上,开始"打仗"般的一天:写材料、接电话、开会、加班……她是陈冉冉,一个信奉"繁华落尽,一切才真实"的浙江女孩。

她是法大人,她心中有一个与法治有关的梦想。

屠化：在生命中最灿烂的年华里追梦的人

文/马秋爽　张英男

人物简介：屠化，中国政法大学法学院 2009 级学生，曾经在中央电视台少儿频道《新闻袋袋裤》担任主持人，2012 年主持央视少儿节目《大手牵小手》。2010 年获得第十七届大学生电影节主持人选拔赛"全国三强"。2011 年获得第六届"艾诗缇"杯 CCTV 电视节目主持人大赛铜奖。现就职于中央电视台社会与法频道，担任《普法栏目剧》主持人，2015 年入选央视节目创新人才库，是央视首批赴英国学习节目制作的创新人才。

第六届"艾诗缇"杯 CCTV 电视节目主持人大赛决赛已于 10 月 28 日落下帷幕，法学院 2009 级屠化凭借着出色的表现，最终取得了决赛第六名的优异成绩。历时半年的比赛已经结束，但对于屠化来说，这更是他人生的一个更高的起点，追梦路上又一个新的开始。

相信很多人对于屠化的最初印象还是《新闻袋袋裤》里那个可爱的小主持人，而《大手牵小手》中的屠化已是一名大三的学生，阳光、青春又不失优雅、稳重。也这是他的这份成熟与稳重使得他在追梦的路上每一步都走得坚定，他未曾把一些小的困难看作是挫折，而是把困难看成是能让自己看到自己不足的宝贵课程，自己体悟，然后作出改变，接着就是得到自身的提高。用他自己的话说，关于主持的梦想从没有放弃过，尽管不是每天都挂在嘴边说，甚至有的时候做的事情与它毫无关联，但心里面一直留有关于梦想的位置。

　　追梦的路上,需要勇气走得坚定,更需要智慧走得更远。对于热爱主持并怀有主持梦想的屠化来说,学习播音主持专业应该说是很好的选择。在当初选择大学的时候他也就所学专业这个问题和父母讨论了很久。但后来他自己思考的结论是:作为一名主持人,有其他专业知识的背景未必是一件坏事。而且主持人的多元化或个性化也是中国传媒不断发展,甚至社会发展所导致的必然结果。并不一定只有播音主持专业的人才能做主持人。最终屠化选择了中国政法大学,选择了法学专业。法学的学习不仅锻炼了他理性的判断、缜密严谨的思维的能力,而且做一名主持人,所说的话代表了媒体的声音,甚至会影响到整个社会的价值取向,因此要更加谨慎地说好每一句话,学法学也帮助了他体会到这份责任,也给了他说好每句话的勇气。

　　从进入大学开始,屠化多次担任了学校和院里的晚会以及各种活动的主持,这也为他的主持生涯积累了丰富的实践经验。以话剧特长生身份考入法大的他还曾担任校艺术团话剧团的团长,并且出色地导演了多部话剧。在繁忙的社团活动与学习之间,屠化还是表现得游刃有余,虽然也感到有压力,但他会以听听歌、打打游戏等方式放松心情,缓解压力。良好的心态,在追梦的路上显得尤为重要。

　　说到这次央视的主持人大赛,屠化说:"现在回想起来,还觉得不可思议呢。"因为作为参赛年龄最小选手的他在赛前并没有给自己很大的压力,而且由于大赛本身内容的设置,赛前他几乎没有进行针对性的准备。所以在进入48 强以后的每次比赛,在台上多站一分钟,他便觉得自己又收获了许多,用他自己的话说就是:赚大了。也正是这种心态帮助了他在这个舞台上表现得从容、自信,没有杂念,专注于比赛内容,也不去在意其他选手的表现,只和自己比较。当问到对自己这次比赛的表现有何评价时,他笑着说:"名次并不能完全代表一个选手的实力,比赛本身就有很多不确定因素,我依旧认为很多排名在我后面的选手有太多地方值得我去学习了。当然,给自己进行评价的话,那我也大言不惭的自夸一下吧,确实挺不容易的,对于20 岁的非专业选手来说,拿铜奖,很震撼! 这是我目前所能达到的最高水平了,我很高兴我在比赛时正常甚至超常发挥了。"

关于成功，屠化还坦言，做喜欢的事情，自食其力，活得安心自在，就是成功。他希望自己能在央视主持，同时通过自己节目所传递的信息，能给观众带来一些影响甚至改变，无论是思想上还是生活方式上，哪怕仅仅是让观众感觉到愉快和惬意。有了大赛的历练，相信屠化会在这条追梦的路上，飞得更高，走得更远，也会向着自己心中成功的标准更近一步。最后，作为法大的学子，屠化也这样鼓励追梦的师弟师妹们，他说："无论你从事什么职业，四年的法学学习都会让你受益匪浅。如果有其他的志向，有自己的梦想，我是希望大家都可以在生命中最灿烂的年华里去追逐它。选择意味着拒绝，所以希望大家都能做出内心真实的选择。也希望大家能够获得家庭的理解和支持。"

费超:阿里高原上的法大人

文/李秀秀　苏云云

人物简介:费超,1977 年 5 月生,黑龙江大庆人,1997—2001 年就读于中国政法大学法律系法律专业,2004—2007 年于中国政法大学研究生院刑事司法学院攻读硕士学位。2007 年 7 月,研究生毕业后,志愿报名到西藏检察机关工作,被分配到西藏自治区检察院阿里地区分院公诉处,现工作于阿里检察分院法律政策研究室。

阿里,位于西藏自治区最西部,与尼泊尔、印度等国家接壤,平均海拔 4500 米,高寒缺氧,成为世界第三极,被称作"西藏的西藏""世界屋脊的屋脊"。很多人向往阿里,但也很多人望而却步。有一位叫摩萨的诗人描述阿里:"到了阿里,就像离开人世,去往鸿蒙初开的别的星球。那儿既无历史,也无时间……"在这里,有一位小伙子在追逐自己的梦想——无私地为检察事业奉献着。他,就是法大人费超。2007 年研究生毕业后,在人生的十字路口,费超志愿报名到西藏检察院工作。离别时,没有我们想象中的与父母、家人及朋友一遍又一遍的叮嘱、依依不舍的镜头。那年五月,西藏自治区检察院在内地公开引进硕士研究生。得知消息后,费超毅然报了名,没有和家人、亲属商量。面试时,当被问及"到西藏工作,你准备好了吗?",费超坚定地点了点头,因为祖国边疆需要人才,而他内心也怀着对西藏的憧憬和向往。于是,他开始了自己人生新的旅程。2007 年 9 月 11 日,费超从北京出发,带着追逐梦想的喜悦。9

月 13 日,经过历时两天两夜的火车旅途后,费超到达了向往已久的圣城拉萨。到了海拔三千多米的拉萨,费超并没有出现高原反应,相反,下了火车之后的他还能拎着行李箭步冲上四楼所住的宾馆。费超开玩笑说,可能自己比较瘦,所以耗氧量比较少的缘故。不久后他被通知,自己被分配在离拉萨最远的阿里地区检察分院。我们很疑惑,为什么法大毕业的研究生费超会选择西藏,而且被分配到离拉萨最远的阿里也无怨言? 费超淡然地微笑着回答,"不管是哪个学校毕业的,总会有自己的想法和自己的坚持;择业时不应考虑太多功利性,国家、社会需要我,我就去了! 边疆人员不足、资金不足,自己选择边疆,希望可以为边疆的发展出一份自己的力量。"

在阿里发扬"老西藏精神"

经过短暂逗留,9 月 18 日,费超启程前往阿里。那时,拉萨到阿里没有火车和飞机,费超乘着 4500 越野汽车,走了两天一夜,才终于到了目的地。在被问道阿里是一个怎样的地方时,费超说阿里的自然环境比较恶劣、条件也很艰苦。他依旧记得在刚到阿里那几年度过的冬天。气温零下 20 多度,住的地方没有暖气,只能自己用火炉烧焦炭取暖;天气冷得自来水都被冻结了,但同事们都非常乐观,挑水的路上有说有笑。尽管如此,费超依旧坚持,因为在这里,他心里感觉特别踏实,充实地过好艰苦但又不平凡的每一天。费超工作的阿里地区检察分院有 60 多名干警,干警的藏汉比例大概是三比二,大家在一起融洽和谐。藏族人民的善良、淳朴、热情、好客,这时会让远离故乡和亲人的费超心里存着一份温馨。费超还喜欢上了喝西藏的酥油茶。酥油茶是藏民族待客的古老传统,敬上一碗酥油茶,互送彼此的祝福。费超与他们一起喝着酥油茶,聊着家常,心里感受到了一股强大的民族凝聚力。因为工作认真,并且有着扎实的法律基础和虚心学习的态度,检察院的藏族干部幽默地对费超说,"你在阿里正发扬着'老西藏精神'———特别能吃苦、特别能战斗、特别能忍耐、特别能团结、特别能奉献。"费超很谦虚地告诉记者："其实自己很平凡,在西藏还有很多人像我一样选择去西部,有些地方的工作生活条件甚至比我们还要艰苦。"其中,费超最敬佩的是同在阿里地区检察分院的副检察长田红旗,少年时田红旗怀揣着保卫祖国边疆的号召来到西藏阿里军区服役,他在被称为"生命禁区"的阿里坚守了34年,是阿里地区工作时间最长的汉族干部,见证了阿里翻天覆地的变化,荣立四次三等功,其他荣誉不胜枚举。34年里,他在电话中听到儿子的第一声啼哭;34年里,他在电话中得知父亲离去的噩耗……费超说,招录时他与西藏自治区检察院签约的时间是8年,不过,他选择扎根在阿里,像钦佩的田红旗一样,和许多西行汉族干部一样,发扬"老西藏精神",用自己的点滴力量改变阿里,在阿里奉献自己的一生!

一家三地:一起吃苦的幸福,只有起点,没有终点

刚到阿里的日子,除了平时的工作,费超在业余时间喜欢看看书、写些感兴趣的东西,日子过得平淡而充实。几个月后,一个姑娘的出现,在他平静的生活中泛起了涟漪,也改变了他在阿里的生活。阿里检察院大门外有一个小超市,一天家里的鸡蛋吃完了,费超便去这家小超市购买。看着超市的鸡蛋,费超问卖货的姑娘,"鸡蛋怎么卖?"姑娘回答说,"这鸡蛋是自己吃的,不卖。"费超心里纳闷,还有超市不卖东西的?善良的姑娘看着费超疑惑的表情,爽快地拿了5个鸡蛋送给费超。就这样,两个人相识起来。费超到超市的次数逐渐多了起来,和超市姑娘张静逐渐熟络起来。费超的"费式幽默"常常把张静逗得开怀大笑。善良、勤劳的四川姑娘张静深深地吸引着这个深入西藏的热血青年。他们相爱了!第二年十月,在阿里全体检察人员的见证下,他们结婚了。现在,他们的女儿已经一岁多了。问及在阿里最大的遗憾是什么时,费超回答,自己对不起家里的父母、妻子和孩子。费超是东北人,是家里最小的孩子,在东北的父母由姐姐照料。因为女儿不能承受西藏的高原气候,也为了让女儿可以接受更好的医疗教育条件,他选择让妻

子张静和女儿呆在四川老家。一家人,三地分离,不能团聚在一起,上不能尽孝,下不能尽责,这是费超心中最大的痛。三年后,费超与西藏检察机关签约的八年时间到期,而他将继续留在阿里。费超平淡地说,"我已经在阿里扎根了"。费超说,父母在东北,妻女在四川,而自己却在西藏阿里,这样的一个家庭状况可能会让每一个人崩溃。但是,既然已经做出了选择,就必须在这条路上走下去,选择了就要坚持下去,一起吃苦的幸福,只有起点,没有终点。每年的假期,费超都会回家和父母、妻女团聚。费超告诉我们,阿里的大部分汉族同志都是和妻子处于两地分居的状况,但是他们仍然年复一年的在这片边疆的热土上贡献自己的青春,舍小家为大家。也许他们的出现和努力并不是惊天动地的,但一分努力,一分耕耘,都使边疆的司法建设更向前进一步。

星星发光般的法大人

在阿里,费超一直秉持着自己的法律信仰,心里始终烙刻着法大精神的痕迹。深入西藏,做一个默默耕耘的检察人员,在国家急需人才的地方,为司法建设添砖加瓦,这就是他的法律信仰和思维。作为一个检察人员,他始终不放弃对检察工作的热爱,推进阿里地区检察工作就是他前进和坚守的动力。不论是钓鱼岛还是西藏,我们都要保有坚决的信仰,只要有主权的地方就要有人坚守。不论其学历和经历,一份热爱的散播就会启发更多的人去了解,增强民族的凝聚力。费超是西藏阿里检察机关第一个法学研究生。从最初基本的检察工作到现在阿里检察分院法律政策研究室的负责人,他不仅勤于检察实践,更热衷于对检察理论的研究,他希望以自己的力量带动阿里地区在法学项目上的发展。从起步到发展再到成熟也许需要很长一段时间,但是他始终坚信,积少必定成多。"星星的微光永远比不上太阳,但它从未放弃闪烁。它的宿命就是汇集生命的点滴,美丽整个夜空。"母校的培养恩情让他的思绪时常萦绕于军都山边与晓月河畔。对仍在法大学习的师弟师妹,费超希望师弟师妹们能形成一种法律思维,将其应用于课堂、实践和生活中,这样它就会对自身产生永久的影响。他不会强求每一个法大学子都投身于边疆,他知道这种方式的牺牲很大;只要法大学子找到自己感兴趣的事业,将它做好,一样是为国家和社会贡献自己的力量。最重要的是,我们每一个人都要找到自己的目标,在争取的过程中全力以赴,努力做一个善良的人、负责任的人、对社会有用的人,一个真正的"法大人"!

何国贤:终有岁月可相守

文/陈祺鸿

人物简介:何国贤,男,中共党员,中国政法大学新闻与传播学院2009届本科毕业生,现任福建省莆田市纪委政策法规研究室副科级纪检监察员,曾获福建省"优秀团员"称号。工作7年来,先后辗转山亭镇科员、镇海街道副主任、组织部办公室主任、团区委副书记、市纪委副科员等职务,并前后分别为两位县区重要领导联系工作(秘书职务),2016年5月公示任福建省莆田市纪委政策法规研究室正科级纪检监察员。

于很多人而言,那个遥远的夏季,六、七月的法大校园总会如期如约送别一批又一批的莘莘学子。他们有的选择留在北京,有的踏上了回乡的列车。何国贤同样收拾好行囊,在列车上看着这座生活了四年的城市渐行渐远,而今时隔七年,那个20出头刚毕业的年轻人,转眼间也成为一个四岁孩童的父亲,好似抱着整个世界一般的心满意足,对着镜头笑得朝气。现今的生活节奏算不上快,倒也显得井然有序。不同于大风大浪般教人唏嘘,慢慢沉淀下的平静,让何国贤对家庭和工作的感悟渐渐复杂而清晰起来。

一别都门:2009年的乡镇

当何国贤被问到为什么毕业后不选择留在北京,他淡然道:"因为老妈在家啊。"事实也并不像现今说的这般云淡风轻。毕业的那一年,何国贤下了乡镇工作。2009 年的乡镇,用他的话来说——我们的时代正处在文明和落后相互撕扯的阶段。而乡干部要做的事——关于两违、计生、森林防火、征迁等——在那个特定的时间背景下,并不容易。

农村人看重多子多福,对计划生育的政策并不认同。一个刚毕业的年轻人,在实施上级派下的工作时,面对家家户户不断重复上演的撕扯、矛盾、冲突乃至对抗,有不解、有迷茫、有存疑,但更多的是遵守。很多事情跟何国贤想象的不一样,他在疲惫之余也会觉得,当初在大学里的很多看法一并受到了冲击。猝不及防的森林火灾,需要有人冲到前头去。据何国贤回忆,有的时候半夜就得出去,到了山上以后,没有灭火器和防护服,只能够就地取材。他和同伴拿起旁边零碎的沙土、大片的树叶去拍打、去覆盖火,以隔绝氧气,用实际上并不具优势的"土办法"去和蔓延的火势争分夺秒,然后灰头土脸地回家。土地征迁上要做的基础是量地,旨在分清哪些是公家的土地,哪些又是群众的。量海的时候要做的事,便是要在并无区别的大海边一次次地留下可识别的标记。往往都是第二天去的时候,之前的努力便不复存在,可就是这样的工作,靠着人力以及各种稀奇古怪的办法,每日不停地努力并持续了几个月,才最终有了结果。何国贤回想量树林的时候,暂不提山上会有蛇虫出没,在地势险恶的悬崖边,没采取什么保护措施就那样去量了。他略微比划了下,倒觉得心有余悸,摇着头说"当时啊,怎么会有这么大的胆量呢。"

乡镇的工作就这样做了近一年,辛苦忙碌方在其次,重要的是,实在难以被赋予重大的意义。何国贤有的时候也会埋怨,有些事情小学生都做得来。他告诉记者,不同于其他在 CBD,写字楼的同学,每天都有 report,每天都在忙项目,哪怕承载着大的竞争和压力,可每一天都很有激情,都好似离梦想更近了一步。而何国贤自己,从那样繁华的帝都,一下子到连地铁都没有的小城市,根本就适应不来,他那时候每天都跟家里人说,他想要回北京。

终归,是我运气比较好

　　毕业后的第二年 10 月,区综合办公室因人手不足计划从乡镇抽调年轻人。何国贤因为工作认真,为人也得到领导和同事的肯定,有幸受到分管领导推荐,随后顺利通过笔试。这一来,离开了乡镇,他转到区综合办公室负责督查和文字综合工作,并担任领导秘书。何国贤想起除了日常工作安排、会议方案、车辆和新闻报道组织等等,还做过乡村征迁工作纪实的专题片,连原来本专业学的东西都得拿出来用了。他回忆那段工作,加班加点是常态,一个普通的会议要很多的准备。11 年何国贤以荔城区第一名的成绩考入任镇海街道副主任,后来又辗转了几个单位,通过了几场笔试、面试,到现今就职于莆田市纪委。

　　对于这些事业上的顺利,何国贤有着自己特殊的归因方式。他细数着从小到大的转折点——在天津读小学,五年级的时候回到老家,初中的时候进了当地一所中学的实验班。考高中的时候他运气也比较好,中考以两分之差与第一志愿失之交臂,但能够以高出 16 分的成绩被第二志愿破格录取。何国贤觉得自己高考的时候没有发挥到正常水平,但后来又有幸被中国政法大学录取。他总是感叹,终归是运气比较好。

　　除了按部就班地读书、工作,何国贤也有他自己的节奏。何国贤比较早就有"入党"这个概念,高三的时候因为年龄的原因没入成功,便在大一的时候努力竞选并当任团支书,大二入党。他整个大学期间参与的社团活动、做的各种历练,以及毕业时方方面面的硬性条件都恰好符合选调生的要求,这些都为日后的工作做了准备。

闲敲棋子落灯花

　　不置可否,他也曾经艳羡过不少人那般留在北京打拼的生活,觉得自己过

199

早地进入体制内的生活,其实并不合适。那些意气风发的梦想,那种通宵达旦的激情,过快地被消磨掉。但是后来选择回到老家,他也未曾后悔。最大的好处便是,不用像许多同学那样,永远无法和家人常聚,奔波于京闽两地,甚至有时候对父母亲照顾或家事心有余而力不足。何国贤的母亲是一个地地道道的农民,没读过书,知道的不多,但何国贤一直是母亲心中最大的骄傲。

当被问到对自己的职业有什么未来规划时,何国贤坦言自己一向没有过多的追求,他强调更多的,是对于工作本身的使命。在他看来,责任心强的人在哪个岗位都是永远有做不完的工作,永远觉得事情还可以做得更好。他也慢慢地看到,那些"君向潇湘我向秦"的截然不同的选择背后,是兼而有之的得失。当初觉得让自己的激情和梦想慢慢褪去的工作,也似乎会在生活的某一刻,被赋予教人珍而重之的意义,他也会在某些时候的亲眼所见之下,那样深切地慨叹,老百姓真的不容易。

平淡的日子里,身边有女儿半夜爬起来找爸爸,何国贤有了满满的幸福感。短暂的闲暇周末,和工作疲惫之余的暖心印迹,都像是生活最好的馈赠。居于小城,平平凡凡,那些最最世俗的羁绊之下,收获到的,是终究有人相守的岁月。

王旭东：法大那些年，那些人，那些事

文/李秀秀

人物简介：王旭东，1944 年 9 月生，四川内江人，1963－1967 年就读于北京政法学院法律系法律专业。广东省中国政法大学校友会会长，广州军区军事检察院原检察长，广东省司法厅原党委书记、原厅长，广东省人大原常委、原法制委员会主任，广东省法学会原副会长。担任过广东省律师协会名誉会长，广东省巴蜀文化研究会副会长，广东省法学会顾问，中山大学客座讲授，暨南大学客座讲授，国家人民警察一级警监。

王旭东校友于 5 月 14 日返回母校。已 78 岁高龄的王老精神矍铄，刚回母校才一两天，早已在法大校园里转了几圈。看到母校的一树一木，看到校园里朝气蓬勃的法大学子，当年自己在北京政法学院求学的场景一幕幕在脑海里显现。

岁月悠悠，不变的是法大人的精神和传统
——艰苦奋斗，勤奋好学

王老绕过教学楼，看到教室里定心勤奋学习的法大学子，听说法大经常出现学生在图书馆占座、抢座的现象，先是惊异、后是感动。一直以来王老听到

对大学生最多的评论是很多大学生不用功学习,而在法大,同学竟是抢着座位学习。在王老看来,校训"厚德、明法、格物、致公"还不足以表达法大学子的精神。"以前是有地方没书看,现在是有书没地方,看了很心疼。法大学子最突出的品质精神是'艰苦奋斗,勤奋好学'。这点从我们学生时代开始就一直没有变。"

回忆起自己的学习生活,王老说他每天早上六点起床,起床后同同学一起在学校的树林里早读。白天上课,晚上在图书馆自习到图书馆闭馆。"我毕业已经49年了,49年来法大学子没有散漫的状态、浮夸的作风,环境使然,使法大学子多了一份自觉的约束,这种约束包括学习的精神、艰苦奋斗的精神!"

想到自己读书时的伙食费,王老豁达笑道:"当时经济条件不好,国家每个月补贴15块钱的伙食费,两块钱的零花钱。我每个月还可以攒钱呢!"

光阴荏苒,不变的是法大同学间质朴无华的友谊

友情是法大大学生活拾掇的另一笔宝贵财富。王老深情地感慨:"大学同学间的友谊是纯洁质朴的!"王老讲述,尤其在1963年毛主席向全国人民提出了学习雷锋的号召,北京政法学院掀起了学习雷锋的风潮,助人为乐现象成风。

工作40几年来,王老一直感动于在北京政法学院时,同学间无私的互相帮助。王老讲述了这样两个小故事。

王老是从四川的一个小山村考上北京政法学院的。南方孩子的被子很薄,王老带到学校的被子亦抵挡不住北京寒冷的冬天。班里一个东北的同学看到后,就送了一份"东北特产"——厚被子给王老。这床被子陪伴了王老的大学生活,是如此的温暖!在经济不发达的年代,这份友情弥足珍贵。另外一件小事,是有一次运动时王老的腿拉伤了,无法行路。同班一同学于是每天背王老去上课,直至王老腿伤痊愈。

王老所在的63届的6班一共34人。趁法大60周岁生日这次机会,同王

老一块回校聚会的还有 16 人。几十年未见面，老同学约定 17 号上午在研究生院开一个座谈会。17 位老同学带上自己的老伴，眷恋母校、感激师恩、思念友情是共同的念想，他们交流大学时代的美好时光，分享几十年来的风风雨雨。说到此处，王老非常动容，"因为母校的爱，我们团结友爱、互相帮助、友谊深厚、49 年不败不渝。"

岁月无痕，不变的是对法大的感激和祝福

王老在学校一共待了五年，多出的一年是文革时代背景的原因。五年的大学生活给他留下了美好的回忆，更留下了宝贵的人生财富。法大培养了自己勤奋学习和助人为乐的品质，培养了艰苦朴素的作风，这给了王老一一股子动力去拼搏，对王老走向社会以及在漫长的工作生活有深远的影响。"因为人生是需要艰苦奋斗拼搏出来的；只有有爱心，才能赢得周围的人对自己的信任和支持；只有保持自己劳动人民的本色，才能不遗憾地走过自己的人生。"

感恩于法大，明天是法大的 60 周岁校庆日，王老祝福母校，不断开拓、不断发展、不断谱写辉煌新篇章。对于努力完善学校软硬件教学，跨进国内外一流水平的院校行列，王老提出了自己的想法和建议，"法大应加强师资队伍建设，吸纳全国法律名家到学校授课，培养法大自己的名师。另外，法大还要加强学校的硬件设施，争取国家的拨款，社会校友的支持和捐赠，给法大学子提供一个良好的学习环境。"王老还鼓励无论是老师还是学生专心科研，多出法学成果，为中国的法治增添砖瓦。

秦醒民:五十载风雨后的希冀

文/宋淑芳

人物简介:秦醒民,男,1942年10月生,汉族,山西襄汾人,大学学历,2002年晋升为二级大检察官,2003年任海南省人大常委会副主任。二三届海南省委委员。

接受记者的采访前,秦醒民主任已经接受过电视台的采访。返校短短三天,参加各类校庆活动的同时还要接受采访,70岁的秦主任一定有些疲惫,但他还是欣然接受了母校学生记者的采访。

作为1962年入校的大学生,秦醒民主任与在北京政法学院度过的那段青葱岁月已隔50年,整整半个世纪。看得出来,再次回到法大,秦主任的心情很激动,"我很感动,我是1962年入学,本应在66年毕业,但是"文化大革命"的爆发使得我们那一届学生推迟分配工作,直至1968年才离开学校。"当时在学院路北太平庄的北京政法学院只有两个系,政教系和法律系,秦主任在法律系就读。"现在在昌平落成的这座校区和我们那时候相比变化真的很大,现在有高大的办公楼,宽敞的教学楼,漂亮的图书馆,和我们当年一栋教学楼、一幢综合楼、四座宿舍楼的校园规模相比可以说是'今非昔比'",秦主任感慨道。

回忆起当年在北京政法学院的大学生活,秦主任很是动容,"虽然几十年已经过去了,但是我对在法大读书的那段生活依然念念不忘,对那个校园的一草一木依旧记忆犹新",他回忆着那些年、那所校园,学校里小而美的"小滇池"

至今都深深印在他的脑海中，湖水的旁边是茂盛的杨柳树，正所谓"小滇池旁垂杨柳，鸟鸣伴唱读书声"当时有很多学生都会在湖边读英语、看书、散步、谈天说地。秦醒民主任用"激情四射"四个字来形容自己的大学生活，在那个年代，除了学习之外，他们参加的社会活动很多。他在大二的时候曾经参加过社会主义教育运动——"四清"运动，跟随中央四清工作团到了四川省峨眉县。"我当时是在我们的队伍中做秘书，负责简报的编写工作。"那时的生活环境虽然艰苦，但是秦主任感叹道，正是那些年在农村那种艰苦环境下的历练，才更加培养了自己艰苦奋斗的精神，同时增进了与百姓之间的情感，对于他日后能够更好地为百姓服务打下了深厚的情感基础。"除了社会活动，当时学校的文化活动也特别活跃，当年话剧团的话剧演得很棒，我曾经参加过学校文工团中的合唱团。国庆节的时候我们都会跑去天安门广场庆祝国庆，在农忙的时节我们还会帮农民收稻谷，我还担任班级里的团支书和我们系里的团组织委员"，秦主任当年在法大的生活是充实而又精彩的，"当年我进入大学的目标很简单，就是好好学习，因为我们那代人不像现在的大学生就业压力这么大，当时是统一进行分配，并无找工作的压力，思想单纯得很，毛主席号召'学习雷锋好榜样'，那我们就甘做革命的螺丝钉"。秦主任表示，大学里给人最有用的不仅是学知识、求文化，更重要的是对个人世界观、人生观、价值观的塑造，大学是开启一个人正确思考问题、解决问题的钥匙，为大学生正确认识社会提供思路，因为书本知识距离真实的社会真的差得很远。

谈到如今社会上面临的法学专业学生就业难问题，秦主任没有做详细的评论，但是清楚的解释了在一个工作岗位上什么样的大学生更受欢迎。"第一，精于学习。学习的内容不在多，而在于精，对于主要学科的学习要舍得下功夫，真正吃透它，不断提高自身的能力，要勤于思考，多想问题，同时勇于实践，多做调查研究，毕业之前有意识地了解社会，哪怕是从小小的跟班做起。除此之外，还要善于总结，把过去的知识、经历作必要的总结提升，为今后有能力解决某一个方面的问题做好准备。第二，应该锻炼好自己的表达能力和写作能力。同样一份工作，不但要解决，更要能够把解决它的方法总结出来，表达出来。这对于文科类（学社会科学）的学生很重要。第三，要勤快一点。学校的生活和真正的社会很不一样,有些刚毕业的大学生在刚刚进入一个工作岗位的时候可能会被派遣做一些非常一般性的工作,不能够抱怨,而要适应这个过程"。

　　秦醒民主任在返校的短短时间内,先后参加了逸夫楼大厅举行的"彭真像"落成仪式,校友工作会议和校庆纪念大会,并在表彰大会上被授予"杰出校友"的荣誉称号,他表示自己深受教育,并对此表达了自己的感受:"对母校要常怀感恩之心,只要进入法大读书便成为法大人,不要忘记对自己有过谆谆教诲的老师,不能忘记与自己建立深厚感情的同学;要常立报国之志,要做社会主义法治精神的大力弘扬者,做社会主义法治理念的忠实践行者,做社会主义法治国家的积极建设者和中国特色社会主义的坚实捍卫者;要常系校友之情,发扬'厚德、明法、格物、致公'的校训精神,老校友对年轻的校友多多帮助、多多支持,大家携手并进。"

　　最后,秦醒民主任表达了自己对法大未来发展的期望,他希望法大能够越来越好,法大 60 年辛勤耕耘、风雨前行,一个甲子,桃李满园、硕果累累。他祝愿母校以校庆为起点,早日建设成为世界一流的法科名校!

佘绪新　徐来琴夫妇：悠悠岁月母校情

文/周浏　刘行

人物简介：佘绪新，北京政法学院56级校友，曾任中国政法大学刑事诉讼法学教师；徐来琴，北京政法学院56级校友，曾在北京市人大常委会工作。

5月14日下午，法大国际交流中心迎来了两位特别的校友——佘绪新、徐来琴夫妇。今已年满80的二老精神矍铄、步伐稳健，在志愿者的带领下入住了宾馆，并热情地接受了记者的采访。

二老均是北京政法学院56级的校友。毕业离校后的徐老曾在（复建后的）中国政法大学任教刑事诉讼法学，后从事律师一职；而同级的佘老则先后在北京市民政局、北京市人大常委会工作。来到搬迁后的母校，离休数年的二老感慨万千，跟我们聊起了自己的大学回忆。

"以前的政法学院面积不大、朴素。"佘老回忆道，当时建筑不多，有教学楼、学生宿舍和老师宿舍。大家在拥挤的环境里一起学习生活、参加劳动，关系反而亲近，相处得十分开心融洽。然而学校虽小，篮球场、排球场一应俱全，每天清早都随处可见大学生积极锻炼的身影。回忆起那段时光，二老都纷纷表示学校的这种氛围为他们如今健康的体魄打下了基础。当时的大家还要参加建设学校以及其他地方的劳动，面朝黄土辛勤劳作，这些珍贵的场面也被黑白照片定格，成为那一代人共同的热血回忆。此外，佘老还清楚地记得："当时一个月的伙食费是十二块五，不限量，都吃得很饱。"

徐徐人生，回首过往，更能深刻体味大学生活对于他们的意义。徐老深情地感叹："四年的大学生活给了我亮丽的人生，给了我快乐、健康和幸福。"在校学习期间，徐老即树立了坚定的对党的信仰以及人生观价值观。同样的，佘老也讲给我们，无论身处哪一个行业，这些都是比学习技术性知识更能受用的，并能受用终身。生活快乐，大概就是指精神的充实确信。徐老还骄傲地说道，自己特别喜欢锻炼，还留有在学校操场上吊双杠的照片。虽然毕业后很少再锻炼，但是身体底子打好了，到现在仍然健康。"我和老伴就是锻炼时在操场上认识的，这就是学校带给我的幸福了。"讲至此处，徐老侧身看向佘老，满是幸福。

始于大学时代的青葱爱恋，一路携手，终变成如今的伉俪情深。当我们问及二老的相恋历程时，徐老打趣道："我们是毕业前一年相恋的，当时我年纪也不小了，还不赶紧抓牢一个！"佘老却略显认真地"解释"说，一二年级课业太重，学习紧张又有很多书要读，根本没有时间"谈对象"。佘老与徐老的爱情平静而温馨，忙碌的学习劳动之后，两人借着夕阳并肩在操场上散步聊天，周末到学院路的公园逛一逛，偶尔奢侈地到饭馆吃一顿不太丰盛的面条饺子。毕业时两人曾相约一起申请去内蒙古工作，佘老说道"当时我们都是真心实意想去支援西部的。"然而二老还是被分配留在了北京，开始了一起的生活。徐老至今还耿耿于怀："一床军被搬到宿舍，住到一起，就算结婚了。我真后悔没问他要什么彩礼！"

聊到开心处，徐老还拿出了她整理好的相册和我们分享点点滴滴的青春记忆：梳着两条长辫子参加文艺演出的青涩模样、在学校操场上锻炼的矫健身姿、和佘老并排而坐的端正拘谨的结婚照……时光悄悄流走，他们的人生从母校展开，与母校鱼水相依。

此次校庆归来，二老更是带着无限的怀恋和期许。佘老表示："中国政法大学一定会越办越好，成为世界知名的大学。"老人对这一代的法大人寄予了深切的期盼，望我们能够挑起担子，研究法学、从事法律工作，作出成绩以回报培养我们的母校，让母校越来越好。

张宣:海外法大情

文/张璐　马媛

人物简介:张宣,男,1986 年考入中国政法大学国际经济法系,1990 年毕业,曾获学校一等奖学金。1999 年获得美国哥伦比亚大学法学博士学位,曾在美国 Morgan, Lewis&bockius LLP、Bingham McCutchen LLP、Philips Nizer LLP、Hodgson Russ LLP 律师事务所,以及新加坡的 Rodyk&Davidson 律师事务所工作,一直从事金融、证券、公司兼并和重组、股权基金、直接和间接投资、国际贸易,以及诉讼仲裁等方面的法律实务。早在 1995 年,就开始在《亚洲法律》和《亚洲商业法律评论》等刊物撰文,介绍中国法律的最新发展。在纽约的 16 年里,也一直致力于中美之间的法律和经济的交流和实务。2008 年 5 月,在第七届美国"50 杰出亚裔企业家"评比中获奖。现任美国中国商会、中国旅美科技协会以及华尔街人等知名美国社团的法律顾问,也是中国政法大学北美校友会会长。

国交自助餐厅一隅,校友张宣终于抽出了些许时间。作为美国校友会的会长,他从 14 号返校至今也像在曼哈顿的节奏一样一刻不得休息。40 出头的他,经历丰富、成就不凡,多国的旅居生活让他身上有了更多的西方国家的自由元素,却也不失中国人的严谨和踏实。

再次回到法大,忙里偷闲的他在饮尽手边一杯啤酒的时间里,向记者娓娓道来他背后特有的法大情结和丰富经历。

法大情结："寒窗恋"

　　"在毕业的20多年中,我曾无数次地在表格和履历上填写母校的名字,也曾无数次地向人介绍母校,每一次我都对母校充满自豪和感激。"四楼系办外的楼道口看电视、如饥似渴地啃着那本蓝皮介绍美国著名法学院的小册子、来自明尼苏达大学40来岁的马克教授等等,成为了张宣的法大校园生活的真实记忆。

　　张宣在校友会《法大人》创刊号上写的那篇《寒窗恋》中的文字,又一次用言语在记者面前生动展示。作为86级国际经济法系的校友,学院路7号楼有着他们那一级人特别的记忆。但是,后来7号楼因为学校建设被拆掉,张宣还遗憾地表示"就像是记忆缺失了一块儿一样,挺不习惯的"。

　　"学校不大,各项条件比较艰苦",这是包括张宣在内的大多数法大人对学校独有的情结。尤其是出去的时间久了,世面见得多了,觉得"法大似乎更小了"。但这并不影响那一代人对于理想的追求和坚持,虽然抱怨,虽然不满,但是他们学会了感谢生活,感谢蓬勃向上的国家,苦也就有了甜的味道。

　　在海外求学和工作多年,张宣回忆起法大,最深的印象还是法大带给他的那种扎实的学习精神,这也成为他之后进一步学习的基础。

　　也许,每一个法大人都有自己的寒窗恋故事,不管是在祖国还是海外,不管是在顺境还是逆境,"母校的经历都成为我们宝贵的财富,成为每一位法大人不断前进的动力。"张宣感慨道。

海外法大情:北美校友会

　　"每年一月的最后一个星期日是我们中国政法大学北美校友会固定的聚会时间",张宣兴奋地描述道。2003年1月26日,在徐显明校长率团到北美考察之后,中国政法大学北美校友会正式成立,张宣成为该校友分会会长。该校友会的成立为法大人在国外联络感情,沟通交流提供了一个很好的平台,也让其成为法大在海外的一张动态明信片。今年1月29日在北美校友第十次年度聚会上,提前为法大的六十华诞庆祝。

张宣介绍道,目前校友会共有近200人,随着出国留学的法大学子越来越多,校友会的规模也在逐年扩大。为了进一步加强了解,校友会经常会组织各项活动,平日的聚会、每年的聚餐都让生活在国外的人倍感亲切。而且,为了固定时间,他们还专门把每年一月的最后一个星期日作为聚会时间,张宣打趣说:"这样,就算到了2048年,我们还是可以准时出席。"

"法之正在公,律之义在平",北美校友会正在努力践行徐显明校长当时的题词。

本次60周年校庆,校友会有5名代表回国参加,且亲力亲为,为法大捐献了60把长椅中的12把。"促进中美之间法律、经济和文化的交流,促进母校的发展,是我们每一个在美国的法大人都乐于做的事",他们的确做到了。

新的台阶:国际化战略

"国际化是非常具有前瞻性的战略",张宣在谈到我校目前的发展目标时如是说道。

近年来,我校顺应时代潮流,提出了建设"开放式、国际化、多科性、创新型的世界知名法科强校"的战略目标,其最主要的特征便是国际化。对于一个在海外学习和生活多年的校友,张宣深有体会,一个人的经历便是财富。他鼓励更多的法大人走出国门,继续深造。张宣说,现在是一个很伟大的时代。他们那时候很少有人能有机会去去国外交流学习,而现在,随着社会发展,学校把握机遇提出国际化的发展战略,是顺应时代的产物。

他向记者提到,国际化的视野有助于丰富大学生的经历,所谓"经历即财富",让一个学生接触不同的文化和环境,他的人生和思想将会被极大的丰富。

"他山之石,可以攻玉",通过接触中美不同的法学教育,一个人的思维方式会发生转变,迈向新的台阶。

　　这是张宜毕业后第三次回到母校,每次回来,心情总是不同,借法大六十华诞之际,张宜表达了对于师弟师妹的期望:时刻保持好奇心,做一个有追求、珍惜时间、尊重方法的法大人。

柯炳麟：浓浓校友意，依依法大情

文/郭磊　高晓蕾　王健琦

人物简介：柯炳麟，现任厦门优迅高速芯片有限公司董事长，是中国政法大学79级福建校友，法学专业学生。

柯炳麟校友正在与人通话，好像马上要赶往下一个场地，事务十分繁忙。但是他笑着说："学生十分热情，我也不能辜负。"于是在百忙之中，他终于接受了我们的采访。

柯炳麟，现任厦门优迅高速芯片有限公司董事长，是中国政法大学79级福建校友，法学专业学生。毕业时他被分配到厦门大学从事法学教育，毕业后一直与母校依然保持着联系。此后即便多次转换工作岗位（在80年代叫下海），从90年代持续到今天，只要有机会回到北京，或者是学校有重要活动举办，柯先生都会回到母校，拜访学校教师，与昔日同学叙旧，感慨母校的变化，参加学校举办的各种活动。

谈起自己学习法律与跨专业的经历，柯校友说，法大培养了一批杰出的、敬业的法律人才。中国当时处于改革开放时期，改革的大潮推进了很大一批人才跨专业就业。然而无论从事何种职业，都离不开法律，法学依然是根底。法科背景能使人们很好地应对风险，成功的几率也随之提高。他还谈到，企业的发展人才位于第一位，拥有人才企业就一定能发展，人才能够创造财富，是最大最好的资源。

　　他回忆说,令他印象最深刻的是法大复校之初,他还作为第一届学生的学生代表在公安部礼堂发过言。复校之初,条件很艰苦,但是当时师生同甘共苦,心中却只有一个心愿,努力使我们的学校得到最快的恢复。在全校师生的艰苦奋斗下,在很短的时间内就在这百废待兴的学校里建造出了一个美而小的校园,营造出了浓厚的学术氛围,也培养出了深厚的师生情谊。作为"北政"复校后的第一批学生,柯先生认为,与历届相比,法大留给了他们最好的师资。他笑称,当时的本科生相当于有现在博士生的待遇,江平、陈光中、巫昌祯等教授直接给他们上课,进行班级性的学科讨论。这是他们作为法大复校后第一届本科生最为自豪的事。自己在社会中摸爬滚打的时候,看着自己当年的老师一个个成为法学界泰斗,也使他在人生路上更多了一分自信。

　　当谈及自己的老同学,柯先生说:"大学同学是天然的朋友,大学同学间的感情最应当好好珍惜,这是我们立足社会,谋求发展的一个人脉基础。"当谈及对当前法大学子的期望,柯炳麟先生首先回顾了他的人生经历,认为当年的大学生录取率极低,谁都是当时的"天之骄子""国家精英"。大学培养基础很重要,但也要有胆识,敢于闯出一片自己的天地。结合自己的从业经历和经验,他认为,今后高校应当着力培养复合型人才、综合型人才。他建议,在高科技前沿技术飞速发展的今天,法大应当甩掉学科专一的包袱,加大力度培养全面复合型人才,努力向北大、清华等尖端名校靠拢。

　　柯先生多年后重返母校感触颇多。说到法大多年来的变化,柯先生认为,外表的改变是固化的,法大内部的改变给人以切身的体会。不管是学生素质素养、学校学术氛围还是学校未来的发展方向方面的变化,每一个法大学子都必然能够从这次盛大的甲子庆典活动中听到、看到、感受到。作为法大学子,只要有机会都应当回来看看母校,看它现在的发展,看望培育自己的老师,看当时的同学。这些同学中,他们有些依然从事着法律工作,成为了国内顶尖的律师或学者,在法律界取得了引人注目的成绩;有些则跨专业、跨领域地追求更适合自己发展的目标,在法学以外的其他领域为我国社会的发展进步贡献着自己的力量。法大建校之初,就以将学校建成国际一流大学为目标。如今,经过多年的努力,中国政法大学已经成为中国法学界毋庸置疑的法学教育最高学府，而今，我们也都能看到，都能感觉得到我们全校师生正在为创建世界名校的宏伟目标努力着。

最后，作为法大的杰出学子，柯炳麟校友总结了他的人生体会与对广大法大学子的建议：第一：大学生要有理想。理想是推动一个人不断前进的永恒动力。第二，大学生要有毅力。同学们总要走出校门，进入社会。困难和挫折是不可避免的，有坚定的人才能获最后的成功。第三，大学生要学会将知识转化成生产力。大学所学的知识将会成为未来走入社会的基础，所以在大学一定要学好知识。然而单单学好知识还是不够的，只有能灵活地将所学的知识应用到实际当中去，才能将大学之所学转化为实实在在的竞争力。所以大学期间一定要注重自己能力的培养，只有这样，你们才能走得更远。

"作为法大学子，对学校的眷恋、感恩的心一辈子都在，随着岁月的推进也会越来越深厚。"采访最后，柯炳麟校友深情地说。

刘向宇:二十四年,不忘母校情

文/王健琦

人物简介:刘向宇,中央政法管理干部学院1988级进修生,现任河北省保定市企事业法律顾问事务所主任。

时隔24年,刘向宇又回到当年的校园,不觉感慨万千,非常激动。直至现在,他依然能背诵出自己的恩师在他毕业时写给他的诗:"法制建设逆水舟,万澜千波争上游,只需一竿撑到底,不必茫茫望风忧。"这首诗一直是他毕业后的座右铭,每当遇到困难的时候,他就会拿出来吟诵几遍。用他的话来说:法制建设就像逆水行舟,虽然不是一帆风顺,但自己绝对不会放弃。如今,他担任河北省保定市企事业法律顾问事务所主任,在法制建设的道路上,他始终坚持不懈。

1988年,当时为河北省某企业科长的刘向宇,得到了一个带薪进修的机会——前往位于昌平的中央政法管理干部学院(以下简称中管院)学习企业法律顾问。早在20世纪七八十年代,发达国家的企业法律顾问制度已经进入成熟期,而随着我国改革开放步伐的加快,越来越多的企业开始尝试这一制度,意识到了法律顾问对于一个企业的重要性。刘向宇就是在这样的大背景下来到中管院企业法律顾问班学习的。

当时的中管院和中国政法大学昌平校区是两校一址,甚至连两个学校的食堂也没有分开。刘向宇便在这样一个法律气氛十分浓厚的校园里,开始了他一年半短暂却饱满的学习生活。这一年半里，他不但聆听了江平等国内一流名师的课程，还结交了许多的好朋友。他对法大的情，是一辈子的。

20世纪80年代的昌平，交通还不似现在这般发达，"昌平通往北京的路只修了不到五分之二。"刘向宇笑着回忆道。虽然条件不算优越，但是同学们的学习热情却十分高涨。名师的课，同学们都孜孜不倦地去听，"那时江平老师还是一线教师，不像现在，想要见江平老师一面太难了。"在前不久学校举办的民法论坛上，同学们为了听江平老师讲一课，很早就去排票，这样对比起来，刘向宇那时候还是幸运的。

对江平老师讲的话，他至今记忆犹新，那时候，江平就提出：中国是一个重刑轻民的国家，还没有像西方国家一样完善的民法典。直至今日，我们用的还是1987年的《民法通则》。法制建设还有很长的一段路要走，刘向宇说："一定要把民法学好。"他也一直秉承老师的教诲，希望能对国家的法制建设做出贡献。

职位高了，工作上的应酬也多了。但是，刘向宇依然每天坚持早上读两个小时的书。"没办法，习惯了，改不了。"正是他这么多年来一贯的坚持，使他从来没有丧失一个读书人的气质。母校六十华诞之际，刘向宇特地作了两首词，请专人装裱并刻制纪念印，一副送给母校，一副送给自己的恩师庞本老师。虽然在法大的时间不长，但刘向宇对学校始终怀着感恩的心。

在刘向宇上学的时候，学校还统一分配学生毕业后的工作，然而时代在变，如今的社会相比20世纪80年代，是一个充满着竞争的社会。他提出，想要让学生毕业之后能够快速在社会上立足，就要培养复合型人才。我们虽然是学习法律的，但是仅仅懂得法是远远不够的，要不断地学习。所谓学习，也包括待人接物，培养自己较强的沟通能力，这是十分重要的。

刘向宇还强调了校训中"厚德"的重要性，职业操守是法律人的立身之本。想要做到"厚德"，就要公平正义，每个人都有私心，但是要摆正私心和国家、集体利益的关系。"如果总是己事当先，往往事与愿违，反而，当我们认真把国家、集体交给我们的任务办好了，你会发现，你所追求的那些利益就自己来到你的身边了。"

作为河南校友会的一名成员,刘向宇提出了自己对法大今后工作的一点点期待。他希望学校加强校友会的建设,为毕业的大师兄大师姐和新毕业的师弟师妹提供一个更好的交流平台。"有组织总比单枪匹马好。有校友会,法大学子将来择业就多了一条路,前辈们会尽自己所能帮助你们的。"

刘向宇只是法大毕业的无数优秀校友中的一名,他和每一个赶回学校的校友一样,对法大有着深深的祝福和期待。相信未来,法大会更加出色,让校友们每一次返校,都能目睹全新的,更高水平的法大和法大人。

谢家道：与政法结缘的甲子岁月

文/马媛　胡月　吴帅辰

人物简介：谢家道，现任中国政法大学教授，历任中央政法管理干部学院科研处处长和学报副主编，院学术委员会委员兼秘书长，为中国法学会第一、第三届代表大会代表，是中国政法大学54级老校友，也是法大迁址学院路后的第一届本科生。耄耋之年的谢老于5月15日下午返校，参加校庆60周年的一系列活动。

谈及与政法事业结缘的60余年，谢家道教授感慨其间的艰难波折，从一帆风顺到壮志难酬再到回归政法，"这条路走得不容易"。

大学，光明与明媚

谢老开心地回想着当年收到北京政法学院录取通知书时的激动心情。在那个大学生还是凤毛麟角、天之骄子的年代，他顺利地从重庆清华中学来到北京政法学院，自此开始了他与法大的缘分。

初到学校，一向是积极分子的他因为班级学生会的命名问题特意给当时的副教务长雷洁琼女士写了一封信，并因此受到了她的"特别"接见，这对他的大学生活产生了不可磨灭的影响。班级事务活跃，社团活动也甚是积极，班总干事(班长)、学生体协军体部副部长和诗社社长都担任过的他,可谓是能文能武。

谢老还深刻回忆到一个名叫"冯妈"的宿管阿姨对他的巨大影响,以至于他曾多次写文章纪念此人。他说:"当时冯妈是个40来岁的中年女人,瘦瘦的,穿着朴素但干净利落,尤其爱乐于助人。"有一次下雨天,冯妈还主动帮宿舍人收起衣服并叠放整齐,让大家深受感动。而冯妈,也成为谢老法大记忆中最美的风景线之一。

阴差阳错的 20 年

1958,那是谢家道人生轨迹发生巨大转折的一年:他险些被打成右派,并难逃一个严重警告处分。也正因为如此,在校一直是优等生的他毕业分配不仅没能进入法院工作,还被"下放"到河北省某个县政府的统计科做统计员。"让一个学法律的人去做统计工作,无疑无法发挥他的特长",而后又阴差阳错的到高中教语文,这一教竟过了20年的光阴。

说到这儿,难免有种壮志未酬的辛酸。可谢老只是淡淡一笑:"所以有些事不能刻意追求,只能随遇而安吧。"经历过人生变迁,经历过时间沉淀的人,谢老选择淡然。

犹抱法典归旧业

1978年,命运之神再次降临,不过这次它给谢老的是好运。在知识分子回归的浪潮中,他怀着一定要回到政法事业大道上的坚定信念,历经艰辛,多方打听,终于来到了当时的河北政法干校,自此再也没有远离过心爱的政法事业。从谢老的这首诗中我们可见一斑:

> 燕山蜀水千里隔，
>
> 我学马列到北国。
>
> 少年白头二十载，
>
> 犹抱法典归故科。

谢老这样叙说着自己的一生："人生清贫一辈子，但对自己生活很满意，不要把自己看得太死，就像佛家所说'道路上不知什么时候就会突然开花了'，随遇而安吧。"

当然，回到学校，谢老特别骄傲地告诉记者能参加法大迄今为止最大的两次校庆（50周年和60周年），并衷心祝福母校法大"不断前进"！"挨了一板子，仍然喊她妈"，风趣且深情，但也生动表示了谢老此刻的心境。

杜菲:缘分在法大

文/宋淑芳

人物简介:杜菲,安徽省司法厅原副厅长,现已退休,1965 年考入北京政法学院,1970 年从北京政法学院毕业,上一届安徽省校友会常务副会长。

时值中国政法大学 60 周年华诞,来自全国各个省份、各个行业的校友于近两日纷纷返回母校,为甲子校庆献上自己最诚挚的祝福。在联系返校的校友进行采访时,杜厅长温和热情的态度让如今就读于法大校园的记者感动不已。转角咖啡,坐下来聊聊天,听他讲述那一代人的法大故事,回忆他的法大情怀。

杜菲,安徽省司法厅原副厅长,现已退休,1965 年考入北京政法学院,1970 年从北京政法学院毕业,上一届安徽省校友会常务副会长。

时隔 42 年,杜厅长再次以校友的身份回到法大,谈及其与法大的"缘分"时,杜菲显得很兴奋,向记者细细数来:"第一是我自己,我是在 1965 年入学的,入学 3 个月以后成为法大第一批入党的党员。当时我的入党介绍人也是我的辅导员,是中国政法大学后来的常务副校长,这是我和法大的缘分;第二点,40 年后,也就是 2005 年的九月份,我的儿子霍政欣作为武汉大学国际私法的博士到中国政法大学国际法学院当老师;第三个'有缘'表现在我的儿媳,也是中国政法大学国际法学院本硕连读的研究生,现在在朝阳区法院工作。也就是说,我们一家人都跟法大有缘,可以说是'法律世家'了,所以我非常高兴

222

也很有积极性来参加 60 年校庆的活动。"

回忆起当年的北京政法学院以及自己在那里上大学的日子,杜菲表示法大这么多年以来已然发生了翻天覆地的变化。从蓟门桥到现在的昌平校区,无论是学校规模、教师队伍、招生人数,无论是从过去单一的本科到现在的硕士、博士,再到目前学校设置专业的品种,都是过去所不能比拟的。"由北京政法学院更名为中国政法大学,名字取得非常响亮,意味着它是中国水平最高的法律学府"。杜菲读大学的年代是 20 世纪 60 年代,那是一个中国风雨飘摇、多灾多难的年代,更是一个热血沸腾、充满盲目崇拜的年代。"我们刚入大学那会儿先学习党课和哲学,从大二才开始正式学习法律,可是因为在我入学的第二年文化大革命就开始了,所以我在学校待了五年,却是有四年都在'闹革命',确实没有读到什么书。当时的青年对毛主席极端崇拜,称他为'伟大导师''伟大领袖''伟大统帅''伟大舵手'。在个人崇拜泛滥的时代,缺乏民主和法制,国家有几部法律但法律保护的范围很有限,领袖就是'法律',所以当时我们的思想其实是很痛苦的,不知道国家民族的未来在何方。"杜菲说道。

20 世纪 60 年代从小县城考到北京读完大学后,杜厅长毕业走出法大校园的时候面对的机遇是极好的。文革结束后,国家恢复民主法治建设恰恰需要大批的法律人才,而当时学习法律的人才太少,那时的法大一年毕业生只有 400 个学生,所以在 1983 年前后提拔司法干部的时候,那时"正当年"的他们就遇到了人生中最好的机遇。怀抱着"为国家法制建设做贡献"的梦想踏入社会,杜菲说,在法大求学的那几年给予他最大影响的便是"以事实为依据、以法律为准绳"的观念,这对于他自己能够在贪污腐败之风日益盛行的官场一直保持两袖清风直至安全退休是非常重要的,这句话对他时时处处是一种提醒。

在大四毕业季即将到来之际,记者向杜厅长问及现在社会热议的法学专业学生就业难的问题。他说,改革开放以后,中国发展市场经济实际上需要大量的法律人才,但是目前看来,存在"人才过剩"的表面现象,这是因为中国的"法治经济"发展很不健全。第一,如今的中国并没有完全走向市场经济,行政手段在很多方面仍然替代法律,这在一定程度上影响了法学专业人才的择业观,有些人更倾向于选择进入到党政机关工作。第二,法律人才的使用不均衡。就合肥市来讲,合肥市区可能有2000多个律师,但在下属的县城里可能只有几个律师,大学生普遍不愿意到基层工作;第三,大学毕业生的法律信仰很薄弱,部分年轻人崇尚"官本位"思想,这些都限制了法学人才的充分利用。他也为面临就业的"师弟师妹"提出了建议和忠告,一定要利用这几年的时间在学校学有所成,提高自身的外语水平,有志青年要到中西部地区去、到基层去工作,不能妄自菲薄。"现在的大学生已经不像我们那个年代的大学生那么单纯,现在的大学校园也不再完全是一方净土,但是大学生还是应该有志向,学好专业和外语的同时,博览群书,向深层次、高端性人才方面靠近,同时要向社会学习,不读死书,有爱心,懂得孝顺父母"。

作为毕业于法大的老前辈,在母校60华诞之际返校,杜菲对中国未来的法治建设做出了展望。他谈到,我国最终要走向民主法治的道路,随着中国与国际交往的加强,这是中国必须要做出的改变,潮流之所在,任何人无法阻挡。"一个国家只有到了平民百姓可以批评政府官员的时候才可以说民主比较到位了。现在的中国相比于五六十年代已经有了很大的进步,但是自身的体制问题导致贪腐现象仍然存在,应该做出政治体制的改革"。此次回到母校,杜菲对法大校庆各方面布置工作很满意,并且对志愿者的热情周到的服务表示感谢。最后,他祝愿母校更加繁荣,希望法大作为一所专业性极强的法学学府可以真正引领法学专业的潮流。

后　记

　　翻阅法大基层校友的采访稿,印象最深刻的就是他们身在草泽之中,始终坚持"法安天下,德润人心"的态度。从书本走到工作的一线,法大的校友们在基层工作中,用自己的脚踏实地将"法行"落实到最接近群众日常生活的地方,用自己的品格修为将"法心"深入到最靠近民众信任真情的角落。

　　自2011年以来,共有200多名法大学生记者曾在夏天奔走于祖国的各个角落开展基层校友寻访活动。二十四个省市,西到新疆,东到上海,访及云南,寻至东北,学生记者们有的在极边之地访法律援助,有的在沿海之城听为警惊险。访四百余名校友,有法官讲判案理念,有公诉人道出庭经验,也有律师谈辩护态度。言来语往之间,有日常生活中的点点滴滴,有工作中的起落思考,更有法大人在人生道路上始终秉持的信念。校友们有的尚还年轻,有的已经颇有经验,但无一不是扎根于基层,在最接近群众生活的岗位上,循着法大传承的精神,做好自己手上的工作。

　　采访一位不熟知的校友,试着在短时间内努力接近他们的生活,学生记者们以一位观察者的身份,跳脱出法科学生的角色,以全新的角度去了解法律与法律工作者,去感受校友在基层中的精神,并真切地记录下校友们散发着光泽的精神与信念,传播给更多的法大人,播洒法治的阳光。也许,这就是学生到基层去采访校友的意义。而毕业多年的校友,在学生记者面前,亦师亦友,彼此共同回忆着法大的生活。以母校为连结点,校友们似乎又回到了学生的时代,"四年四度军都春,一生一世法大人",他们在风华正茂的年纪走进法大,再用四年让法大走进心里,让它跟随着自己踏上之后的每一块土地。

　　天下之大,祖国各地的法大校友全心全意地以法治润泽社会,在静默中散发属于自己低调温润的光泽,这便是法大人,这便是法泽天下。法泽天下,凡我在处,便是法大。

编者

2018 年 5 月